気もちのリテラシー
「わたし」と世界をつなぐ12の感情

八巻香織

はじめに

たまったり、流したり、くんだり、目に見えないけど、毎日つきあう"気もち"。
それなのに、無視されたり、抑えられたり、偽られたり、
ないがしろにされたりする"気もち"。
すると、ふくらんだり、固まったり、暴れたり、腐ったりする"気もち"。

さて、"気もち"と、どうつきあおうか？

"気もち"はいちばん身近な自然。移ろいながら、いつも私とともにある自然。
そんな"気もち"を手にとって眺めたり、耳をすませたり、味わったり、
触れたり、声に出してみたりすると、
私なりのほどよいつきあい方が見えてくる。

この本は、気もちと旅する本。
さあ、気もちのリテラシーの旅に出よう。

登場キャラ

一見、ゆるキャラのようでありながら、変幻自在なヘン顔とTシャツのコーデやコスプレで、人類が忘れかけているリアルな感情をやりとりする水先案内人。ルーツはイヌ属。

ほどよい距離で近づいたり離れたりしながら見守り、ピンチのときには問題をアライざらいアライだしアライ流す、「気もちのアライ場」世話人。ルーツはアライグマ属。

この本の使い方

読みたいところから読んでください。

第1章　12の感情とつきあう

12の感情ごとに、それぞれの持ち味を理解し、そのつきあい方を見直します。発展コラム「気もちのアライ場」では、アライ（Ally）とともにゆっくり温まって、気もちと仲よくなるワークもやってみてください。

第2章　気もちのリテラシーと出会う

この本が生まれるまでのプロセスや、カードを使った実践をご紹介しましょう。感情って、シンプルで自然で当たりまえのことなので、いろんなことに応用が効きます。むずかしく考えてむやみに複雑にすると機能不全におちいりますから、そういうときほど、シンプルに"気もち"という自然に戻ると、こじれたひもがはらりと解けたりします。

第3章　感情プレイングカードで遊ぶ

遊びながら"気もち"と仲よくなってもらえたらと、感情タロット&トランプminiを巻末付録につけました。ここに書いた遊び方は、気もちとのツーリングを楽しむためのガードレールのようなもの。どんな景色を眺め、どこで道草し、どう寄り道するか、それは遊ぶあなたしだいです。

もくじ

第1章 12の感情とつきあう ………………………………………… 7

「さびしい」とのつきあい方 ……………………………… 8
人を求め、新しい世界とつながっていくための感情
◆自分を"お留守"にしたあとで

「不安」とのつきあい方 ……………………………………… 14
不安が重すぎると本来のエネルギーが漏電する…
◆イヤな気分がふくらむわけ

「おそれ」とのつきあい方 ………………………………… 20
おそれを感じるから、安全や安心がつくりだせる
◆ためこんだ感情のゆくえ

「緊張」とのつきあい方 …………………………………… 26
張りすぎたバネ、のびきったゴムになるまえに
◆からだ からだ

「疲れた」とのつきあい方 ………………………………… 32
無理を感じたときに休むためのプランをつくってみる
◆感情は、こころのなかの子ども

「はずかしい」とのつきあい方 ………………………… 40
品位を保ちたいのは、自分を大切にしたいと願うから
◆境界線のからくり

「怒り」とのつきあい方 ………………………… 46

自分が求めているなにかを気づかせてくれる感情

◆まぜこぜ世界のサバイバル

「かなしい」とのつきあい方 ………………………… 54

感じることを禁じると、こころはますます冷え性になる

◆らしさの箱

「いや・NO」とのつきあい方 ………………………… 60

NOと言うから、YESが見つかる、適度な距離が生まれる

◆ほどよい距離でつきあう

「好き」とのつきあい方 ………………………… 66

好きなものが教えてくれるのは自分自身、相手自身

◆息苦しさの正体

「楽しい」とのつきあい方 ………………………… 72

もっともっと楽しんでいい、自分を癒すために

◆やってみてはじめてわかることを楽しむ

「うれしい」とのつきあい方 ………………………… 78

変化のプロセスを経たからこそ感じられる感情

◆peaceの木

第2章　気もちのリテラシーと出会う ································ 83

忘れてしまったパスワード

感情という内なる子どもの声を抑圧するもの

書くことで「わたし」の声を聴く

問いかけという支援

奪われたものをとりもどす

子どもの支援は、家族の支援、支援者の支援

自分を認めなければ語れない

だれもが持っている「気もちのリテラシー」

第3章　感情プレイングカードで遊ぶ ································ 103

感情タロットが生まれるまで

遊んでみるまえに

タロット1　感情くじ引き

タロット2　名刺交換

タロット3　おしゃべりタロット

タロット4　お話づくり

タロット5　お出かけタロット

タロット6　お留守番タロット

トランプ1　感情ならべ❶

トランプ2　感情ならべ❷

トランプ3　ハートの壁

トランプ4　Ally抜き
　　　　　　^{アライ}

トランプ5　感情あわせシェア

トランプ6　感情ダウト！

「さびしい」との
つきあい方

私は
さびしい
と感じた

どんな感情?

「さびしい」は、他人を求め、新しい世界とつながっていく感情。
この感情をおさえていると、"ひとりぼっち"で孤立するけれど、
「さびしい」を感じてそれを認めることで、
他人や新しい世界とつながることができる。
さびしいと感じるとき、どんなことを、
どんなふうにするかによって、世界が変わっていくよ。

さびしい

「さびしい」に背を向けると……

人と合わせるほど、
ひとりぼっち

　ちょっとしたことで気もちがバクハツしそうになる。いらいらしがち。しかも、そんな自分を見せたら嫌われると思って、友だちといるときはニコニコしているので、毎日とっても疲れる。

　そんな気もちをだれかに聞いてほしい気もするけど、そういうときほど人に会いたくなくなる。ゲームやったりして、なるべく人と話さないようにしている。

　でも、胸がざわざわして落ち着かなくて、自分がどうしたいのか、自分の気もちがわからない。なんかいつも、だれといても、ひとりぼっち……。イライラ

1＝12の感情とつきあう

「さびしい」とのつきあい方

「さびしい」という感情と、
ばったり出会うのは、どんなときですか？

えっ、正面からは出会わないって？

背後から忍び寄る感じ？　なるほど。

だれもまわりにいないとき？　というわけでもない……。

だれかといっしょにいるとき？　あるある……。

それが大切な人や愛する人でも、理解や関心を得られないとき？

そう、「さびしい」は、まわりに人がいないときでも、だれかといっしょにいるときでも、登場する感情です。

最近、「さびしい」と感じたのはいつですか？

そのとき、自分の「さびしい」の姿を見ましたか？　それとも、「さびしい」を見ないフリをしていましたか？

「さびしい」は人を求める感情です。「さびしい」を無視するときには、こころの扉を閉じて、ひとりぼっちになっていることでしょう。

または、まわりの人に合わせて仲のいいフリしたり、だれかに合わせてとりつくろっているかも。

「さびしい」を嫌うと、現状に満足しているわけでもないのに、変化を恐れて、現状維持にしがみつこうとすることになります。

そうすると、人といっしょにいても、ますます、さびしいーーーーーっ！！

「さびしい」は、新しい出会いや新しい世界につなげてくれる感情です。

「さびしい」は、ひとりぼっちから脱出するきっかけをくれます。

出会ったり、離れたり、近づいたり、遠ざかったり、人と人との関係はいつも動いています。

「さびしい」と感じたときに
どんなことをしますか？

好きな歌を聴く

自転車を走らせる

友だちにメールを送る

いっしょに遊ぼうと誘ってみる

猫とじゃれる

　いまここで考えもつかないもの、いままでやったことのないことや出会ったことのなかった人に、引きあわせてくれるのも、「さびしい」の持つ力です。
　そう、「さびしい」って、自立に必要な感情なのです。
　自立って、思春期だけの問題ではありません。子ども期、思春期、ユース、ミドル、シニア……一生を通じて、その折々に、さまざまな自立が必要です。
　自立とは、他人とともに生きる力ですから。

「さびしい」を感じないと、
　孤立して、さびしい人になるけれど、
「さびしい」は人とともに生きる
　自立に欠かせない。

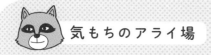 気もちのアライ場

自分を"お留守"にしたあとで

　秋風が吹くと、真夏の疲れをどっと感じることがある。でも、自分の力ではどうにもならないことの渦中では、疲れを感じないことで乗りきっている。

　からだとこころはエラいな！　感じるまでに時間が必要なことも知っている。突然のできごとや、大きくこころが動きそうなときには、こころをマヒさせたり、閉じたりして、とりあえず感じないことで守っている。傷つかないように守っている。こころを"お留守"の状態にして。

　でも、ずっとそのまんまだと、モヤウツ気分に乗っとられる。そんなときは、こころの留守中のできごとを聴いてみよう。

　最近、こころにフタをしたり、閉じたりすることで、自分を守ったできごとがあったかな？　それにはなにかきっかけが、あったかな？　それはいつ？　どこで？　だれと？

　その場面を書くことで、自分に耳を澄ますことができる。

　これは原因探しではなく、こころのコリや詰まりをほどいてあげるはじめの一歩。思いがけないできごとや人に出会うとき、新しい情報を得るとき、たくさんのこころの声が湧いている。アクセスするぶんだけ、こころのなかに感情が生まれている。人に疲れているようで、自分の気もちを持てあましていたのかもしれない。

感情をスルーしたときの自分を思い出してみる。たとえば、さびしいのに、さびしさを感じないとき、どんな表情をしていただろう？　なにか話していたかな？　ひとりごと？　声のトーンは？　雰囲気は？　どんなオーラを出してた？

　そのときの自分の顔を描いてみよう。言葉に出せなかったこころの声も文字にして書いてみよう。

　自分をお留守にしたあとは、ちょっと一息入れて、上に描いた自分に言葉をかけよう。

　短い手紙を書いてみよう。

　おーい、自分！　お留守にしたり、見失っても、いつもここにいるからさ。

「不安」との
つきあい方

私は
不安だ
と感じた

どんな感情？

「不安」は、期待とつりあう感情。期待がふくらむにつれて不安もふくらむ。
おさえればおさえるほど、「不安」も手におえないほどふくらんでいく。
期待を現実サイズにすれば、
不安もシュルシュルと現実サイズになって手のひらに収まる。
揺れるこころも揺らぎながら、少しずつ中心を見つけていく。
あなたは、どんな期待をしている？

不安

「不安」に背を向けると……

あれもこれも心配で、
もうぐったり

　ものすごく心配性です。忘れ物したらどうしよう。怒られたらどうしよう。バカにされたらどうしよう。失敗したらどうしよう……。こころのなかは、いつも落ち着かない。

　不安になればなるほど、やたら忙しく動きまわったり、あれもこれも手を出したりして、そして手も足も出なくなって、あせる、あせる。

　もう、毎日ぐったり。オロオロ

1＝12の感情とつきあう

「不安」とのつきあい方

「不安」をもてあますのは、どんなときですか？

　だれにも明日はわからないから、だれでも「不安」をもって生きています。でも、「不安」がふくらんで手にあまるときは、期待がふくらみすぎています。すると、「不安」はずーんと重くなります。「不安」は「期待」とつりあっているんですね。

　いままでやったことのないことに挑戦するとき、初めての場所へ行くとき、こころのなかにはどんな期待がわくかな？

　《うまくやりたいな》《みんなから認められたいな》

　不安は、そういう期待の反対側について、バランスをとっています。

　不安が重すぎるからって、不安を無視すれば、不安は暴れます。

　だから、期待を現実サイズにしてあげたらいいね。

　ときに期待があまりにふくらみすぎると「完璧主義」が登場します。

　完璧にやろうとするあまり、なにも始めないうちからプレッシャーで消耗してダウン……、とかね。

　不安は暴走して、周囲を巻きこみ、不安のドミノ倒しが起こることもあります。

　《〜したらどうしよう》と、物事を悪いほうへ悪いほうへ考える「先読み不安」は、まるで自分のなかに不吉な予言者がいるようなものです。これは心配性とも呼ばれます。

　不吉な予言者の言うことは、たいていは現実に起きないことばかりです。

　もし、現実に起きたとしても、そのときには、だれかにうちあけたり、相談したり、助けを求めることで対処できますよ！

不安にさらわれそうなとき、まずできること

不安

　心配でアタマがいっぱいのときには、自分を忘れて、まわりに感応しています。自分をとりもどすために、ゆっくり深呼吸して、自分の胸に手を当てて、「私、私、私……」と自分を呼びだして、問いかけてみてください。
　「いまの私にやれることはなんだろう？」と。
　落ち着いて、ゼロか100かと白黒つけようとせず、今日の自分にできる限界のなかでやれることにベストを尽くせばOKです！

悪いことばかり心配する
先読み不安があると、
本来のエネルギーが漏電する。
不安が重すぎるときは、
期待を現実サイズにしてあげよう。

1 ≡ 12の感情とつきあう

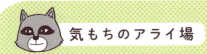

気もちのアライ場

イヤな気分がふくらむわけ

うらみまんじゅう

　感情はフレッシュな生モノ。フタをして閉じこめているうちに、イライラ、ムカムカ、とんがってくる。
　それは、イヤな気分をふくらます二次的感情というものだ。
　さらにガマンして抱えこんでいると、感情はフレッシュな生モノだから、腐る。
　腐ると、うらみになっている。
　「うらみまんじゅう」のできあがり！
　うらみまんじゅうは、こころを狭くする。こころが縮こまって冷えていく。距離がとれなくて四六時中はりつく。うーむ、食えないまんじゅうだ！

自己否定感の「ないないメガネ」

　イヤな気分がふくらむとき、「自分は価値がない」「自分は足りない」「自分を見せてはならない」と、「ないもの」ばかり目に映る「ないないメガネ」をかけているんだけど、気づいていた？

　そのレンズを通して現実を見ると、またイヤな気分が増えていく。感情と気分は別モノなのに、混乱する。

　イヤな気分を消そうと、なにかにとらわれたり、せわしく動きまわったり。

　イヤな気分を見せまいと、とじこもったり、避けたり、からまわりしたり。

　このメガネは、生まれつき持っていたわけではない。

　周囲の期待にかなうよう努力するうちに、種類も増えて、レンズの度も強くなった。

　こんなもの要らない、消してしまえ！　そう思えば思うほど、メガネにとらわれてしまうけど、たとえ消せなくても、「ないないメガネ」をかけていることに気づければ、世界はリアルに見えるんだよ。黒いサングラスを通しても、青空と夜空の区別がつくように。

　メガネをかけっぱなしにしないで、外せることもわかるんだ。

　自分を縛り不自由にする「ないないメガネ」には、どんなものがあるだろう？

- ♣ 失敗してはいけない
- ♣ 人に弱さを見せてはならない
- ♣ だれもわかってくれない、自分でやるしかない

　無理を強いて自分を追い立てて、自分が持っているものを見えなくさせてしまうそのレンズを、ニュートラルなものに調整してみようか。

- ♣ 失敗から学べる
- ♣ 弱さに共感することで、私は人とつながれる
- ♣ 安全な場所で、私はこころを開くことができる

　ほら！　言語変換！

「おそれ」との
つきあい方

私は
おそれ
を感じた

どんな感情？

「おそれ」は、安全と安心をつくる感情。
この感情をおさえていると、アブナい場所に近づいたり、
アブナい関係をつくりだす。
「おそれ」を感じてそれを認めることで、
安全で安心な状態を保つことができる。
正直に「こわいもの」を伝えあえるなら、そこは安全な場所。

おそれ

「おそれ」に背を向けると……

冷静な人って見られるけど、ホントはいつもビビってる

　自然体で安心してつきあえる関係がほしいと思うのに、いい人だな、すてきな人だな、と思って近づこうとするほど、力が入りすぎて、言葉が出なかったり、カッコつけたり、ぎくしゃくした雰囲気になりがち。うーむ。

　だれにも負けたくなくて、ふくらませて、強がって、張りあって……あー、疲れる。けど、平気なフリ。人から見たら「とっつきにくい」とか「無愛想」とか思われているかな。

　一度できたイメージを壊すのは、かなり難しそう。

　相手をおそれているというより、自分の気もちをおそれているのかな？ ビクビク

1＝12の感情とつきあう

「おそれ」とのつきあい方

「おそれ」は、じつはすごくビビリーです。

　でも、ビビっているのを見せまいとすると、強いふりして硬くなります。

　表情にも動きがなくなるので、強面とか、クールで冷静な人とか言われたりします。

　「おそれ」を打ち消そうとして、物事を難しいほうへややこしく考えて、壁を打ち立てるほど、「おそれ」は不安とくっついて、完璧主義や心配性に変質します。ほんとうは安心したいのに、ホッとしたいのに、つらいですよね。

　「おそれ」があるからなにもできないとか、「おそれ」がなくなったらチャレンジできるって思っていると、新しいチャンスや出会いを回避しつづけることになります。「おそれ」があるからチャレンジできるのです。

　では、「おそれ」がなくなると、どうなるでしょう？

　「ビクビクするな！」って言われて、「おそれ」にフタしていたら、アブナいものやアブナい状況にどんどん近づいていくでしょう。「こわいもの知らず」というのが一番こわ～～いのよ。

　「おそれ」がなくなったら、チャレンジするために必要な準備や心構えがおろそかになるかもしれません。

　「おそれ」を見せずに強がることで、相手より優位に立とうとすれば、こわい人になったり、人と人とのつながりが切れたりして、パワーゲームが始まります。これは暴力の始まりです。

　安心して暮らすために、「おそれ」と仲よくなりましょう。

「おそれ」のむこうに なにがある?

おそれ

　「おそれ」は、安全や安心をつくる感情です。「おそれ」の奥には、"こころから望んでいるものを失いたくない"という願いがあるんです。
　「おそれ」の奥にある願いはなんですか?
　「おそれ」に圧倒されそうなときは、そのむこうにある願いにスポットライトを当ててみてね。
　カチカチに固まっている身体。チカラが入りすぎている身体。落ち着きを失っている身体。
　少しずつ、少しずつ、ゆるむように、まずはゆっくりと呼吸。手をぶらぶら振ったり、その場でジャンプしてみたり、大笑いしたり、踊ってみたり、歌を歌ったり。しなやかさをとりもどした身体によって、おそれは安全と安心の素になります。

「おそれ」は、安全や安心をつくる感情。
「おそれ」で固まった身体をほぐして、
私のなかから安全と安心をつくろう。

1 = 12の感情とつきあう

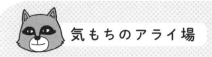 気もちのアライ場

ためこんだ感情のゆくえ

　感情的な気分は暴力につながっている。
　感情そのものはだれも傷つけないけれど、ためこんだ感情は、ねじれたり、腐ったり、バクハツしたりして「感情的」になる。

「感情」と「感情的なもの」は別のもの。

　感情的な気分がはけ口を求めて暴走するとき、言葉、行動、仕草、声のトーン、まなざし……が変質する。
　それはドミノ倒しのようにつぎつぎと、関係を切る暴力になる。世界との関係、他者との関係、自分との関係を断ち切っていく。
　暴力はなにを奪うだろう？
　日常、夢、希望、自分への信頼、他人への信頼、自由な表現、可能性……大切なものを壊していくけれど、なによりもまず、暴力は感情とつきあう力（感情リテラシー）を奪う。また、感情リテラシーを失うことで、暴力が生まれるともいえる。
　暴力は、ためこんだ感情の向く方向によって、「外に向く暴力」と「内（自分）に向く暴力」となる。
　どちらが意識しやすいかといえば、たぶん、外に向く暴力のほうが意識しやすいはず。目は外向きだからね。でも、それだけだと、暴力の半分しか見ていないことになる。
　内に向く暴力、外に向く暴力、それぞれどんなものがあるだろう？
　その根っこや土壌には、なにがあるだろう？

Violenceの木

外に向く暴力
暴言
暴行
虐待
いじめ
DV
ハラスメント
ヘイトクライム
無視
など

内に向く暴力
自分いじめ
自暴自棄
アディクション
依存症
セルフネグレクト
自傷行為
閉じこもり
など

「緊張」との
つきあい方

私は
緊張する
と感じた

どんな感情？

「緊張する」は、ここ一番というときに、自分の力を発揮するときの感情。
おさえていると、よけいな力が加わって、からだは硬くなるが、震えたり、
熱が出たり、顔が赤くなったり、汗が出たり、トイレに行ったりすることで、
余分な力を外に放出しようとする。
そんなふうにして、初めてのことや、慣れないことや肝心な場面で、
ほんらいの自分の力を注ぐことができるように応援してくれている。

「緊張」に背を向けると……

緊張を見せまいとして、いつも裏目に出るし……

　緊張するとあがります。

　緊張しないで堂々となんでもできる人になりたくて、緊張を消してしまおうとするうちに、緊張はよけいにふくらんでしまう。

　すると、やる必要のないことをしたり、「それを言ったらおしまい」ということを言ってしまったりして、とり返しがつかなくなったり、裏目に出たり……。

ハラハラ

1 12の感情とつきあう

「緊張」とのつきあい方

　一生懸命になるとき、新しいことをするとき、ここ一番というときに、緊張を感じます。それはとても自然で健康なこと……なんだけど、

「緊張」が嫌われるのは、なぜだろう？

　もてる力を注ぐべきところへ注げるよう、からだは応援してくれています。汗が出たり、熱が出たり、震えたり、頭がぼーっとしたり、トイレに行きたくなったり……。からだから余分な力を放出して、ゆるめてくれます。

　でも、緊張状態が長く続いたり、ひんぱんだったりすると、からだもゆるめることを忘れてしまうかもしれませんね。張りすぎたバネや、のびきったゴムみたいに、緊張してるという感覚すらなくなってしまうかもしれません。

　それでもからだは、いろんな症状でSOSを出していますよね。

　緊張は、恐れや不安とも仲がいいので、手に手をとって、からだのメッセージとしてあらわれます。

　いまここで、頭と首を動かさないよう、力を入れてみて。

　—— 無意識に息をつめているでしょう？

　昨日の落ちこんだことを思い出してみて。

　—— 自然と目が斜め下を向いていないですか？

　知らぬ間に緊張して、空腹でもないのに、お腹がぐーっと鳴ったりすることはない？　そんなとき、腸も、感じて考えているんだね。

　「ハラハラしないで堂々と！」

　緊張を嫌って無視するのではなく、緊張をからだや言葉で表現して、おもてに出してみましょう。

緊張を解く、デタラメ語のおまじない

緊張と仲よくなるために、「手のひらに人という字を3回書いて飲みこむといい」という言い伝えがあるけれど、だれにもわからないような、デタラメのメチャクチャ語のおまじないや回文をつくって、声に出してみませんか。

◎×▲□◆◇＞‰●※▼……！
よわいわよ
わたしまけましたわ

声に出すことで息を吐けて、思わず笑ってしまうことで下腹の中心を意識できるから、首や肩の過剰な緊張がほどけますよ。

ここ一番というときに「緊張」は
あらわれて、あなたを応援してくれる。
「緊張」を味方につけて、
落ち着いてやれることをやろう。

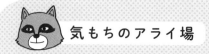 気もちのアライ場

からだからだ

感情は、自分のからだの一部分、自分の存在の一部分だ。

　からだはいつも、いろんなメッセージを出している。たとえば、「緊張」したときに、からだはどんなふうに表現しているかな？

　今日のからだの違和感、痛み、症状のメッセージ……、気がついたことを絵や文字で書きこんで、自分のための自分のカルテをつくってみよう。呼び名をつけてキャラにしたり、色えんぴつなどでぬってみてもいい。

言葉にならない気もちをからだがあらわしてくれることがある。気もちをためこんでいたことに気づかせてくれることがある。

　ざわざわと忙しく落ち着かないときは、まずからだから、リアルな自分をとりもどそう。お気に入りの場所へ行ったり、またはその場所をイメージして、視覚、聴覚、嗅覚、味覚、触覚……五感にフォーカスしてみよう。

私が見ているものは

私に聴こえるものは

私の鼻が嗅ぐものは

私が味わうものは

私が触れるものは

　リラックスする自分の「五行の詩」が完成！ 空欄があってもOK。自分がまだ意識していない感覚がなにか、わかるよ。

　好きな色、音、香り、味、手ざわり……。五感から自分をとりもどすと、自分自身に耳を澄ませる力がつく。
　あなたの好きな色、音、香り、味、手ざわりは、なに？
　落ちこむときほど、私の好きな色、好きな音、好きな匂い、好きな味、好きな手ざわり、を身近におこう。

「疲れた」との
つきあい方

私は
疲れた
と感じた

どんな感情？

「疲れた」は、無理を知らせてくれる感情。
おさえていると、冷たい汗が流れてくる。限界を見失って、からだを壊す。
「疲れた」を感じて認めることで、健康な汗をかき、必要な休養を
とることができる。休むということは、なにもしないことじゃない。
「疲れた」と感じたら、こころとからだを休めるためにできることが見つかる。
休むための行動プランをつくっておこう。

疲れた

「疲れた」に背を向けると……

無理しないって、
どういうことかわからない

　なにもしてないのに、毎日、疲れます。疲れれば疲れるほど、疲れを忘れてなにかにのめりこんで、ますますむなしさにのみこまれて、やめられなくなります。

　小さいころからずっと、疲れ知らずの生活でした。いつもなにかで埋めていたら、自分がお留守になって、からっぽになった。

　休むことを知らずにのめりこむ。いつもなにかと戦って、コントロールにのめりこむ。無理することはいくらでもできるけど、無理しないということがわからない。

ヘトヘト

1＝12の感情とつきあう

「疲れた」とのつきあい方

疲れを感じないと、「際限ないガンバリ」にのめりこむので、こころとからだをいためます。

「疲れた」は無理を知らせてくれる感情です。

今日の自分の体調は？ 100点満点でいうと、何点？

70点だったら、70点の限度内でベストをつくす。30点だったら、30点の限度内でベストをつくす。生きているからだは、100点か0点ではなくて、毎日、限度が変わります。疲れはそれを教えてくれているんです。

手持ちのカードを増やそう！

いつもの1日、少し変えてもいいのかな

疲れた

疲れたときは、どうしますか？
　睡眠は疲れを癒す大事な休息時間ですが、1日のシゴトが終わったらバタッと寝る、のくり返しでは、スイッチのオン・オフしかなくなるでしょう。
　じつは睡眠だけでなく、休息にはいろんな行動があるのです。
　1日なにをしているか？　それぞれの時間を書きこんでみましょう。

睡眠　　　時間　　食事　　　時間　　移動　　　時間

仕事・社会活動　　　時間　　入浴・身体ケア　　　時間

家事　　　時間　　趣味　　　時間　　その他　　　時間

ぜんぶ合わせると24時間になりましたか？
24時間以上なら、なにが多すぎた？　24時間以下なら、なにが少なすぎた？
ここから、増やしたり減らしたりしたいと思うものはなんですか？
どこに休息を注ぎたい？
　自分なりの時間の使い方、働き方、暮らし方の選択も、「疲れた」という感情がアドバイスしてくれます。

「疲れた」を感じることで、自分のムリが
ほどけていく。こころの壁もほどけていく。
自分のムリは、他人のムリ……。

1＝12の感情とつきあう

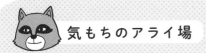 気もちのアライ場

感情は、こころのなかの子ども

こころの壁

　子ども時代に身につけた感情の取り扱い方が、大人になるにつれ、生きにくさのパターンになっていることがある。

　生まれたばかりの赤ちゃんは無理をしない。幼児もそう。ご飯食べながら眠ったり、遊んでいるうちにスイッチが切れて、おんぶしてもらったり。

　やがて子どもから大人へと成長していくなかで、周囲からいろんな言葉が投げかけられる。

「えらいね」
「しっかりしてるね」
「言うことを聞きなさい」
「置いていくよ」
「はやく、きちんと」……

　子どもは、愛されよう、認められようと、いろんな気もちをおさえて無理することを覚える。そうして、適応しようとこころのまわりに自分を守るシールド（盾）を作るようになる。

　疲れていても疲れを見せないシールドをつけていると、「いつも元気だね」「子どもらしい」「がんばり屋」とほめられるから。

子どもは、認められたくて、愛されたくて、周囲に自分を合わせていく。ほんとうの感情を見せないように「こころのシールド」を重ねて自分を守る。

　こころのシールドは、自分を守るために身につけたものだが、いつもまわりに合わせていたら、限界がわからなくなって、自分を守れなくなる。困ったな。

　思春期になると、さらにシールドを重ねていって、いつのまにか、シールドが「こころの壁」となっていく。

　こころの壁は、傷つくことからは守ってくれても、伝える気もちがねじれたり、受けとる気もちをはね返したりして、やりとりができなくなって、孤立する。

　そこから、こころの壁をほどいていくのが、思春期から大人期へとつづく情緒的自立の課題だ。

子ども時代には、どんな気もちをおさえていただろう？

そのなかで、認めにくくなっている感情はないだろうか？

オトナさま主義

　感情は、こころのなかに住む子どもだ。大人になってもこころのなかに住んでいる。おさえようとすればするほど、「認めてくれ〜！」と、暴れて大騒ぎする。無視すればするほど、「かまってくれ〜！」と、いじける、すねる。人と人との関係では、くっつきすぎたり、離れすぎたり、適度な距離を見失う。

　だれもが最初は子どもで生まれ、子どもから大人になるのに、

- ♣ 子どもって、価値がない。
- ♣ きびしくしないとわからない。
- ♣ やってあげないと、なにもできない。
- ♣ 子どもはお荷物。……

　大人だけがすべてわかっていて、なにもかも大人が支配して、なにもかもエラそうな、そんな「オトナさま主義」は、さまざまな関係に影響をおよぼす。

「オトナさま主義」の矛先は、大人から子どもへ。子どもから別の子どもへ。やがては、大人になった子どもから、新しく生まれた子どもたちへ。さらには、自分が子ども時代に親から受けたような言動で、高齢の親を子ども扱いするようなことも起きる。

　この「オトナさま主義」は、自分にも向けられて、感情という「こころのなかの子ども」をおさえつけたり、無視したりする。すると、感情という「こころのなかの子ども」が育たなくなって、こころの壁が厚くなる。
　壁の厚さには個人差があるけれど、自分でもてあますほどに強固に厚くなると、内に向く暴力(p.25)につながる。

　「オトナさま主義」から脱出しよう。
　感情に耳をすませて、名前をつけて呼びかけたら、「こころのなかの子ども」は応えてくれる。こころのなかの子どもを救おう。

アサーティブ源泉掛け流し
［効用：こころの手あて］

「はずかしい」
とのつきあい方

私は
はずかしい
と感じた

どんな感情？

「はずかしい」は、品位や尊厳を保つ感情。これをおさえ続けていると、
ハレンチなことが平気でできるハズカシイ人になるけど、
感じて認めることで、あなたに尊厳や品位が備わっていく。
人に対して、正直に自分を見せたり、こころの内を開くときにも感じる感情。
失敗したり、まちがえたときだけじゃなく、
たとえば、好きな人に告白しようとしたときや、感謝したり、ほめられたり、
ポジティブな気もちを伝えるときにも、はずかしいと感じることがある。

「はずかしい」に背を向けると……

負ける感じがして、素直になれない

　ほめたり、ほめられたり、好意を受けとったり、好意を伝えたりするのが、すごく苦手です。

　人からミスを指摘されるとムッとして高飛車に返したり、知らない話題でも知ったかぶりしたり、できないことでもできるフリしたり、そんなことは人には見せないつもりだけど、あーん、おはずかしい。モジモジ

「はずかしい」とのつきあい方

あなたがはずかしかったのは、どんなときですか?

- ♣ 階段ですべって転んだとき
- ♣ みんなのまえで失敗したとき
- ♣ 好きな人にバッタリ会ったとき
- ♣ 人前でスピーチするとき
- ♣ 暴力を受けたとき
- ♣ ほめてもらったとき

「はずかしい」は、いろんな場面で感じます。

「はずかしい」は自分を大切にしたいと願う感情です。

　かけがえのない自分の尊厳が傷つけば、「はずかしい」と感じて当然ですよね。正直な気もちを伝えるときや自分をオープンに開くとき、「はずかしい」と感じるのも当然です。

　顔が赤らんだり、ワクワクするはずかしさは、こころのなかに収まって、飛び出すときを待っています。

　こころが重くなるはずかしさは、たいてい、自分ひとりで抱える荷物ではありません。安心できる人に打ち明けたり、話したりしてみましょう。

　「はずかしい」と仲よくなると、「ありがとう」「うれしいよ」「すてきだね」というポジティブな気もちも正直に表すことができるようになりますよ。

はずかしかったことを
話してみたら

すごくうれしい、ドキドキのはずかしさを感じた場面
ちょっと気が重くなるはずかしさを感じたときの場面

それをだれかと話してみましょう。

ぜんぶさらけ出さなくても、「ある場所で」「あるところで」「こんなことがあって」「こう感じた」と、話せるだけのことをシンプルに話してみて。そのとき、話すだけでなく、人の話を聴くことで気づくこともあります。

ぜんぶ隠すか、ぜんぶ見せるか、どちらかしか思い浮かばないときは、パスしてもいいですよ。「いまは話せない」「もう少し時間がほしい」「パス」でOK。

ひとりのときに、紙に書いてみてもいい。レシートやチラシの裏に書いたあとで、ちぎって丸めてゴミ箱に捨ててもいい。一度書いたことは話しやすくなります。

気もちを話したあとは、相手にどう思われたかなと、落ち着かなくなったり、気分が落ちこんだり、こころが不安定になることもよくあります。そんなときも、自分にダメ出ししないで、「それも自然なこと」と、思いやりをもって自分に話しかけてください。

「はずかしい」を感じないと、
ハズカシイ人になる。
こころが重くなるようなはずかしさは、
それを打ち明けられる場があるといいね。

 気もちのアライ場

境界線のからくり

　「境界線(Boundary)」は、人と人、人とモノ、人とコトとの安全な関係づくりのキーワード。限度、限界、個々の持ち場をあらわす。「これは私の気もち」「これは私の考え」というように、自分自身を他者と区別できる感覚だ。

　人と人との関係では、こころの窓を開けたり閉じたりしながら、近づいたり離れたりしながら、おたがいを大切にする「間」を探っていく。そのときどきに調整してくれるのは、フレッシュな感情だ。

境界線は、まるで空気のように、存在するときは意識していないけれど、失われるにつれて息苦しく感じる。

　気もちに背を向けて自分がお留守になると、くっつきすぎたり、離れすぎたり、侵入したり、シャッターを閉じたり……人間関係はこじれやすくなる。

　また、「境界線」を失った大人によって、子どもの「境界線」はそこなわれる。そこから、からだ・こころ・考え方・行動・責任・価値観など自分の「境界線」をとりもどそうとするのは、思春期の自立のプロセスだ。

　境界線は、関係を断ち切るこころの壁とは違う。どんなに大切な人でも、どんなに長いつきあいでも、しんどいなと感じることがある。知らぬまに自分の気もちを忘れていたことに気づいたら、気もちのリテラシーで、かかわるための「境界線」を回復しよう。そこからまた始めればいい。

　人とかかわるときに、求めることはなんだろう？
- ♣ おたがいの考えや言葉を守るために、してほしいこと。
- ♣ おたがいの感情や感覚を尊重するために、してほしいこと。
- ♣ おたがいの身体・プライバシーを尊重するために、してほしいこと。

境界線は、あなたの権利とつながっている。

境界線 七変化

いきなり侵入したら
かかわれない

知らぬ間に侵入したら
かかわれない

当たりさわりないけど
かかわれない

守りすぎてかかわれない

侵入させまい、侵入しまい
波風たたないけど、かかわれない

自分の気もちに味方して、
相手と適度な距離を保つ！
かかわるための境界線

「怒り」との つきあい方

私は
怒り
を感じた

どんな感情？

「怒り」は、《こうしたい》《こうしてほしい》(のにそうならない)ときの、
欲求不満をあらわす感情。「腹がたつ」「頭にきた」と、
"からだ言葉"で表現することもある、強いエネルギーをもつ感情。
健康な怒りは、生まれたばかりの赤ちゃんの泣き声。だれも傷つけない。
だからって、一生オギャーと言っているわけにはいかないから、
健康な怒りを一人称のアサーティブな表現(「私は〜したい・してほしい」という表現)
にしていくことで、人は情緒的に自立する。
感じて認めて、どう表現するかで、怒りのエネルギーは、
安全で建設的な世界をつくり、関係を成長させるエネルギーにできる。

怒り

「怒り」に背を向けると……

こんなにガマンして
合わせてるのに

　「怒り」の気もちがこみ上げてきても、相手の反応を気にして言葉を飲みこんでしまいます。ずいぶんあとになって、「もしかすると、あれは〈怒り〉だったのに……」と後悔します。

　それから、相手の「怒り」をなだめようとして、思ってもいないことを言ったり、してしまったりします。

　こんなにガマンして相手に合わせているのに、うまく関係がつくれなくて、誤解されたり、相手をイラだたせてしまったり。もーっ。ムカムカ

1／12の感情とつきあう

「怒り」とのつきあい方

「怒り」は強いエネルギーをもっています。

エネルギーが強いということは、さまざまな感情を同時に抱える胆力をもってるということ。

「怒り」が苦手な人の多くは、「怒り」を暴力そのものと思っています。「怒り」はだれからも愛されないと思っています。

でも、怒りが暴力なのではありません。かなしみやおそれや不安をタメこんだ「不健康な怒り」が、外に向いてだれかを傷つけたり、内に向いて自分を傷つけたりするのが暴力です。

怒りを暴力としてとらえたら、自分のなかに「怒り」が存在するのに、ないフリをしなければならなくなります。そして、無理してニコニコほほえんだり、怒りをおさえようと無表情のままムッとしたり、声を小さくしたり、からだを固く緊張させたり、ついにバクハツしたり……。それじゃあ、からだによくないですね。

「怒り」は、「自分はどうしたいか」 「どうしてほしいか」の欲求を あなたに伝えてくれるものです。

まずは自分が自分を理解してあげましょう。あって当然のものがないとき、「怒り」はエネルギッシュになります。「怒り」のエネルギーはとてもとてもパワフルだから、誤作動すれば、自分も他人もふりまわします。

でも、「怒り」をガマンしていると、自己信頼が目減りします。すると、ますます「怒り」を感じとれなくなります。

さあ、まずは深呼吸。そして「私の気もちは人間関係をつくる大切なもの」と口ずさみましょう。たいせつなものが傷つけば、「怒り」を感じるのは当然のことです。

その気もちは、
きっと言葉にできる

「いま、私はどう感じる？ 私はどうしてほしい？ 私はどうしたいの？」とおだやかに自分に問いかけましょう。あわてずに聴きとってあげてください。

それを実際に紙に書いてみることは、「怒り」とのつきあい方の練習にとても役立ちます。一人称の「私メッセージ」を書いて、「ああ、いま自分はこんな気もちを感じているんだな」と受け入れてみましょう。

私は、 　　　　　　　　　　　　　　　　　　　**と感じた／感じている。**
　　（例：不安だ、こわい、緊張している）

いくつでも、感情に名前をつけて、ならべてみましょう。感情が言葉になったら、どうしたいか（欲求）を取りだすことができます。

私は、 　　　　　　　　　　　　　　　　　　　　　　　　**してほしい。**
　　（例：あなたに、どならないで冷静に会話を）

私は、 　　　　　　　　　　　　　　　　　　　　　　　　　**したい。**
　　（例：安心して会話を）

TEENSPOSTのウェブサイトには、「ひとりでできる心の手あて　書くカウンセリング」のフォームがあります。なにを書きこんでも自分以外にはわからない安心システムです。自分のメールアドレスを入力して送信すると、整理された気もちがアドバイスとともに返ってきますよ。

「怒り」は、いま自分が求めていることを
気づかせてくれるエネルギー。
人にも環境にもやさしいエネルギーを
活用したい。

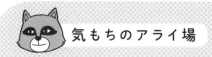

気もちのアライ場

まぜこぜ世界のサバイバル

　こころのなかにさまざまな感情が存在するように、この世界にも、さまざまな生命、さまざまな人が暮らしている。

　子ども⇔大人、女性⇔男性、さまざまな職業、出身、人種、宗教、言語、障害、性的指向……などなど。

　その違いによって分類するとき、あるグループが、もう一方のグループより、「経済力」「情報力」「技術力」「発言力」「選択力」を手にし、それを独占していると、暴力のサイクルがまわりはじめる。

外付けのパワーでとらえると

大人 ＞ 子ども
男性 ＞ 女性
日本人 ＞ 在日外国人
健常者 ＞ 障害者
異性愛者 ＞ LGBT

　ここでいうさまざまな力（パワー）とは、個人の価値や能力とは関係なく、そのグループに属することで得られる、いわば外付けのものだ。

　外付けの力（パワー）の格差によって、「パワーグループ」と「パワーレスグループ」と呼び分けてみると、それは気もちのリテラシーにも影響していることがわかる。

パワーグループは、〈感情を表現することは弱いこと〉という思いこみによって感情を隠す傾向があるけれど、感情を表現した場合、その感情はパワーレスグループの場合よりも容認されやすく、「〜したい」「〜してほしい」という欲求を表現しやすい。

　一方、パワーレスグループが感情や欲求を表現することは、パワーグループの場合よりも多くの勇気やエネルギーを必要とする。勇気を出して表現したときにも、感情表現は「感情的」と批判を受けたり、欲求表現は「反抗的」と言いかえられたりする。それに反論すると、さらに「わがまま」「非常識」という非難や制裁を受けることがある。

　同じことをしていても、ずいぶん違うなあ。

　自分の正直な気もちや考えをあたりまえに表現できないとき、絶望や無力感が広がっていく。感情的な気分となって、はけ口をもとめてあふれだす。それはどこに向かうのだろう？

　その矛先は次の3つの方向が考えられる。

　　1　同じグループの仲間へ
　　2　別のパワーレスグループへ
　　3　自分自身へ

　仲間同士のなかで優劣を競うパワーゲームをしたり、別のターゲットをつくりあげて攻撃や排除をしたり、こころを閉じて自分自身を傷つけたり、そんなふうに傷つけあう状態が広がるとき、パワーレスグループはそのことでも非難や誤解を受けることがある。

　それはやるせない。つらい。さびしい。こわい。かなしいなあ。

　そんな気もちを分かちあえる場所さえなくなっていくとき、人と人とのつながりはバラバラになる。これが暴力のサイクルだ。

いまある世界に目をこらして、家族、学校、職場、サークル、コミュニティ、国内、国外……人と人とがつくる集団がこの理不尽なサイクルにおちいらないために、そしておちいったとしてもそこから自由になるために、なにができるだろうか。

この難題を、この本では、気もちのリテラシーから考えたい。

この世界で、人はこれまでどんなふうにして生き延びてきただろう？

傷つくことから自分を守るため、こころの壁（P.36）を打ち立てたり、そのことで安全な距離感をつくる境界線（P.44）をそこねたり、パワーグループの強さをまねようとしたり、見て見ぬふりしたり、孤立したり、さまざまな生きづらさがついてきたかもしれない。

生き延びるために身につけてきたものを、とりあえず許してあげてほしい。どんなに不都合に思えるものでも、身につけたものには意味がある。それを認めてはじめて、手放したり、新しいものに変えることができる。

それにかわる新しい守り方や対処を見いだすために、感情に味方すること、感情とつきあっていくこと、感情を安全に分かちあっていくことから始めよう。それは気もちのリテラシーを育てていくことだ。

気もちを分かちあえる場をつくろう。子ども時代に求めていたイメージを実現しよう。そこで安心して気もちを語りあい、美味しいものを分かちあい、書く、描く、奏でる、歌う、演じる、踊る、創る、撮る、笑う、遊ぶ……いっしょに自由に表現する。新しい学びや旅をして未知のものや異質なものに出会う。

それは、こころのなかの子どもの声を聴き、自分を信頼し、自分自身の「アライ（Ally）」になることだ。

アライ（Ally）は、味方、協力者という意味。

自分のアライになることからはじめて、仲間（ピア）同士のアライ、別のパワーレスグループへのアライへと、垣根を越えて手をさしのべ、共感していくとき、人を隔てる枠組みがゆるみ、暴力のサイクルは崩れていく。

それは、このサイクルを壊すために、たった一人からはじめられること。仲間を見つけて、居場所をつくって、自分を好きになっていく道。

アライ（Ally）になるための5つのスキル

1 アライは気もちに耳を澄ませる
暴力やプレッシャーを受けて
つらい思いをしている存在（自分自身も含む）に
関心を寄せ、気もちを聴く。

2 アライは気もちで寄りそう
たとえともにいられないときにも、
気もちを伝えることで、バックアップする。

3 アライは気もちから扉を開く
選択肢を広げ、役立つ情報を探し求め、
体験を社会資源として分かちあう。

4 アライは気もちとともに行動する
結果にとらわれず、可能性に向けて
限界のなかでベストをつくし、
できることをやってみる。

5 アライは気もちを分かちあい、サポートを得ようとする
ひとりで抱えこまず、ひとりに依存せず、
気もちを伝えることで自分以外のサポートを求める。

Ally

♣ あなたがだれかのアライになったときの体験を、思い出してみよう。
♣ だれかがあなたのアライになったときの体験を、思い出してみよう。
♣ だれかがだれかのアライになったできごとを、思い出してみよう。
♣ そこにはどんなパワーの違いがあったかな？

あなたがアライになるために使えるあなたの持ち味や資源はなんですか？

「かなしい」との
つきあい方

どんな感情？

「かなしい」は、こころのキャパを広げる感情。
大切なものを失ったときに感じる感情。
おさえると、自分に対しても他人に対しても、
イライラ・ムカムカして、冷たくとんがる「**不健康な怒り**」に変質する。
涙を流し、嘆くことで、喪失を受け入れ、新しい世界を創造できる。
かなしみを受け入れることで、こころのキャパが広がり、
温かさや寛容さが生まれる。

かなしい

「かなしい」に背を向けると……

いつのまにか、
泣けない体質になっていた

　いつからか、涙が出なくなりました。人前では絶対に泣けないし、ひとりでいるときだって、涙なんか流しちゃいけないとがんばっちゃいます。こみあげてきそうになると、グッと飲みこんでこらえます。

　どこからか「泣いちゃダメ、泣いちゃダメ」という声が聞こえてくるので、泣きたくても泣けないんです。

　弱音を吐いてまわりに心配してもらえる人を目にすると、メチャクチャ、ムカつきます。あー、なんか最近どんどん、こころが狭くなってる。エ〜ン。シクシク

1＝12の感情とつきあう

「かなしい」とのつきあい方

「かなしい」は、大切なものを失ったときに感じる感情です。

失ったものが大切であればあるほど、かなしみは深く大きく、とてもすぐにはこころに収まりません。

そういうとき、こころはとりあえず「マヒ」します。あたま真っ白！

そのうち、イライラ、ムカムカ、まわりのせいにしたり、バクハツすることもあります。

やがて、自分を責めるウツウツ気分の落ちこみが登場します。

そして、少しずつ涙となり、嘆きとなり、かなしみを受け入れていくことができます。

この「マヒ→イライラ→ムカムカ→ウツウツ……」というのは、失ったものを受け入れていくときの自然なプロセスです。このプロセスをたどるなかで、こころのキャパが広がって、失くしたことを受け入れられるようになります。

けれど、この流れがどこかで停滞したり、断ち切れたりすると、受け入れられないまま、心身や人間関係に影響が出ます。

かなしみを隠そうとするようになったのは、いつごろからでしょう？

「もう子どもじゃないんだから……」「男のくせに……」「弱みを見せてはならない」。理由をつけてフタをすることで、「かなしみ」はトゲのようにこころに刺さったまま。こころが動くたびに痛みます。だから、こころを動かさないようにしたり、こころを閉じて固まらせたり、こころの壁をつくるのかもしれません。

壁に囲まれたこころは、小さくせまくなっていきます。「とらわれ」というバンソウコウをはりつけるかもしれません。人間関係から引きこもったり、自分を傷つける関係にしがみついたり、自分いじめをくり返していると、こころは冷えこみます。

はー、これはたいへん！　こころの冷え性は、まず温めて手あてしましょう。

こころの冷え性の手あてを、
お気に入りの物語で

かなしい

「かなしい」は、こころを傷つけるものではなく、優しさやこころの広さを育てます。喪失は、新しい世界の扉を開くはじまりです。

親友を見舞うように、自分にも、時間と空間とモノを惜しみなく、たくさん贈りましょう。そっとしておく時間や嘆く場が必要なのと同じように、楽しむ場も必要です。

♣ お気に入りの「かなしい物語」を思い出してみましょう。
　動画、物語、コミック、楽曲……「かなしみ」は美しいです。

♣ お気に入りの「楽しい物語」を思い出してみましょう。
　動画、物語、コミック、楽曲……「かなしみ」にしがみつかずに、ときには安心して忘れる時間も許してあげてください。

「かなしみ」は、あなたの新しい物語を生みだします。

「かなしい」は、失ったものを
嘆き、受け入れ、新しい世界へ導く。
喪失上手にしてくれる。

1 = 12の感情とつきあう

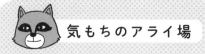

気もちのアライ場

らしさの箱

　ここにあるのは、「男らしさの箱」。"泣くな、負けるな、弱音は吐くな、細かいことは気にせず、たくましく！"——いろんな感情を閉じこめて、大きくふくらませる箱。そこに入りつづけることはだれにもできないのに、抜けだそうとするとき、「よわむし」「優柔不断」「情けない」という数かずの言葉や、体罰、飲酒、スポーツの強制などのプレッシャーを受けるとしたら、子どもも大人も、男はつらいよ。

　ここにあるのは、「女らしさの箱」。"やさしく、愛らしく、気がついて、でもかわいすぎず、賢すぎず！"——自分の気もちを二の次にして、両脇から小さく凹ますダブルバインドの箱。そこに入りつづけることはだれにもできないのに、はみだそうとするとき、「でしゃばり」「男まさり」「生意気」という数かずの言葉や、からかい、セクハラ、仲間はずれなどのプレッシャーを受けるとしたら、子どもも大人も、女はつらいよ。

たくましい　強い
泣かない　たのもしい
活動的　スポーツ万能
がまん強い　攻撃的
仕事や勉強ができる

男らしさの箱

かわいい　セクシー、でも
セクシーすぎない
受け身的　察する
世話焼き、でも
でしゃばらない
頭がいいが、よすぎない

女らしさの箱

「らしさの箱」に入りつづけているうちに、リアルな感情が認められなくなったり、話すことをあきらめたりしていることさえ気づかなくなっていく。

「らしさの箱」に入りつづけるつらさから目をそらすために、「らしさの箱」から出る人を攻撃したり、「らしさの箱」を相手に強いたりするかもしれない。

その箱自体にパワーの不均衡があると、どうなるだろう？

パワーのある箱にいつづけるためにパワーレスの箱に人を押しこめようとしたり、パワーレスの箱にいる自分や仲間を卑下したりするかもしれない。

安全と安心を求めているのに、人と人との関係はちぎれていく。

「らしさの箱」は、ほかにもいろいろある。子どもらしさ・大人らしさ・若者らしさ・社員らしさ・教師らしさ・母親らしさ……。そこで押しつけられるステレオタイプと、「世間体」「人並み」「普通」という正体不明のプレッシャーにしばられていたら、リアルな感情が認められなくなる。だんだん自分の気もちがわからなくなる。すると、大切な人との関係がこじれる。知らずしらずに、暴力のサイクルに組みこまれることにもなる。こりゃタイヘン！

あなたが持っている「らしさの箱」をチェックしてみよう。

リアルな気もちを閉じこめる 　　　　　　　　　　らしさの箱

1 この箱に名前をつけてください
(例：子どもらしさの箱)

2 箱のなかではどうしなければならないですか？
(例：いつも元気で、素直に大人に従う。大声で騒いではいけない)

3 この箱では、どんな感情を隠しますか？
(例：いや。つかれた。緊張する)

4 この箱にいると、どんな感じですか？
(例：自信がなくなる。ムカつく)

5 この箱から出るのは、どんなときですか？
(例：友だちと遊んでいるとき。思いきり声を出すとき)

認めたものは変えられる！　　感じたことは癒せる！

「いや・NO」との
つきあい方

私は
いや・NO
と感じた

どんな感情？

「いや・NO」は、適度な距離をつくる感情。違いを受け入れる感情。
おさえていると、際限がなくなったり、くっつきすぎたり、しがみついたり、
かかわることを回避したりして、距離がとれなくなる。
この感情を感じて認めれば、なにを、いつ、どのくらいやって、どれくらいの
間隔をとるか、適度な距離感が生まれる。
自分の無理は他人の無理。無理をしても、いい関係は生まれない。
ほどよい距離と関係をつくるときに欠かせない感情。

「いや・NO」に背を向けると……

NOと言われないよう、
NOと言わない

いまつきあっている人は、相手のことを自分の思いどおりにしようとします。はじめはそれに従っていたのですが、だんだんきゅうくつになってきました。

でも、NOと言ったらつきあえなくなる、断ったら見捨てられると思って、相手の要求にイヤだと言えないのです。こんな自分はもうイヤ！　キリキリ

「いや・NO」とのつきあい方

NOと言うことは、相手を拒絶することではありません。
NOと言うことは、相手の人格を否定することでもありません。

NOは、適度な距離をとるために
必要な感情です。

イヤな食べ物はなんですか？ イヤな動物は？

イヤなもの、嫌いなものは避けますよね。距離をとろうとしますよね。でも、その食べ物や動物が、ダメなわけではありません。

好きな食べ物はなんですか？ 好きな動物は？

好きなものにはいくらでも近づいていけるけど、好きなものだって、ただただ近づくだけでは距離がとれなくて息苦しくなります。

「好きだけど、もう十分。これ以上はいやだ」

「好きだけど、それはムリ」

好きなものとの関係を育てるためにも、「NO」は必要な感情です。

自分自身というのは一番身近な相手（他人）だから、自分自身にNOと言うこともあります。

自分にNOと言うとき、自分の存在ごと否定すると、自己否定感の「ないないメガネ」（P.19）になります。自分をまるごと否定するのではなく、自分のどんな言動・考え方がイヤなのか？ その部分を自分のオプションとして認めれば、持ちつづけることも手放すことも、選択できます。じゃあ、どんなことにYESなのか、自分にたずねてみましょう。

相手にNOと言うことも、自分にNOと言うことも、自分のYESの発見につながります。

「いや・NO」を伝えるフレーズを口にしてみましょう

　自分では「NO」のつもりでも、じつは「NO」とは認めていないことがあります。そんなときは、相手の表情をうかがいながら語尾をあいまいにしたり、相手に「NO」が伝わっていないことがあります。

　「いや・NO」と自分に認める＆相手に伝えるフレーズを口にしてみましょう。「いや」「だめ」「できない」「無理です」「大丈夫」「したくない」「けっこう」……ほかに、どんなフレーズがあるかな？

　そして、どうすること、どうあることがYESなのか、言葉にしてみましょう。NOと言うことは、相手の人格を否定することではないし、自分が否定されることでもありません。

　「いや・NO」という感情は、おたがいの違いを認めつつ、折りあいながら、安全にかかわるための適度な距離を見つけてくれますよ。

NOと言うから、YESが見つかる。
シンプルに、しなやかに、こまめに
NOを認めたい。YESを見つけるために。

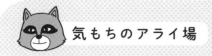 気もちのアライ場

ほどよい距離でつきあう

　かかわりたいのに、適度な距離がとれなくなったときには、感情を否認して自分を見失っているのかも。否認している感情をとりもどし、思いを文字にして、「こじれる関係脱出宣言」を自分自身にしてみよう。

1 あなたにとって、適度な距離がとりにくい対象はなに？

　「ひと」（人名）、「こと」（仕事とか勉強とか）、「もの」（ゲーム、食べ物、お酒、あるいは目に見えない「他人の評価」とか）……まずはその対象を言葉にしよう。

2 その関係で、どういう感じがする？

　いくつでも、感情に名前をつけて、文字にしてみよう。
　「いやだ」「不安だ」「こわい」「緊張する」「疲れた」……。
　感情タロットを並べながら、いくつでも手にとって眺めよう。
　感情は相手に伝えるためのものではなく、自分を理解し、認めるために大切だ。そうして感情を認めることが、適度な距離への境界線を引く決め手となる。
　感情は、短くシンプルな言葉で、いくつでもつなげることができる。

3 この関係を変えたいのに、それを阻止している障害は?

障害の存在を認めることで、できることが見つかるかもしれない。どんなに小さなささやかなことでもOK。「見放されるのでは」「悪く思われるのでは」といった不安な思いこみがブロックしている場合もある。

4 この関係を変えるために、いまの自分にできることは?

変化はできごとではなくプロセスだ。すぐに決着つけようとすると、暴力的結末におちいりやすいので、ステップ・バイ・ステップで、いま自分にできることを言葉にしてみよう。

「安全で安心な関係をつくる権利」を自分のものとするために、いま書き出した1、3、4を入れたら、宣言(ステートメント)のできあがり。

宣言(Statement)

1 _____ と私との関係について

私は適度な距離をもってつきあうために、宣言します。

私には 3 _____ という障害はあるが、

私には安全で安心な場所をつくる権利があり、

4 _____ (すること)で現状を脱します。

「好き」との
つきあい方

私は
好き
と感じた

どんな感情？

「好き」は、近づきたくなって、かかわっていく感情。
おさえていると、かかわるコトやモノが少なくなる。
この感情を感じて認めることで、近づいて距離を縮めようとする。
ただし、そこから関係をつくっていくには、
適度な距離をつくるための「いや・NO」など、さまざまな感情が必要だ。
あなたの好きなものは？　どんなところが好き？
「好き」なものは、あなた自身を映している。

好き

「好き」に背を向けると……

なんでもいっしょに
同じにしたのに

だれかと仲よくなるときには、その人と同じものを好きにならなくてはいけないと考えて、相手と興味や関心、話題を合わせます。

でも、仲よくなるほど、いつもこじれちゃうんです。自分がこんなに合わせているのに、合わせようとしない相手に腹がたったりして、ややこしくなります。どうしてかな。*イジイジ*

1＝12の感情とつきあう

67

「好き」とのつきあい方

「好き」は、近づいていく感情です。

好きな人、好きな食べ物、好きな音楽……、だれだって近づこうとするでしょう。でも、好きなものとの関係が息苦しくなったり、適度な距離がとれなくなっていることがありませんか？

好きなものとの関係ほど、おもてだって波風は立たないのに、近づきすぎたり、くっつきすぎて行きづまることがあります。

「近づいてかかわること」と 「関係を育てること」とは別ものです。

近づいてかかわれば関係が育つわけではないのです。

好きなものにこそ、「それはイヤだ」「その提案は無理」「その考え方は私と違う」と、NOという感情をそのまま認めてシンプルに伝え、適度な距離を見つけて折りあうことが必要になります。

共通するところと同時に、違いを認めることで、おたがいを尊重しあえる関係と、ほどよい距離が生まれます。

どんなに仲のよい人でも、好きなものはそれぞれ違います。

仲よくなるということは、同じものを好きになることではなく、おたがいの好きなモノを認めあえることです。

好きなものを10個、
紙に書いてみましょう

　好きなものを書くことで、好きと認めましょう。
　その紙をだれかと交換して、相手の名前とともに「△△さんは、○○○○○が好きなんだね」と読みあいましょう。どんな感じがするかな？

♣ いつもいっしょにいる人でも、知らなかったことを発見するかもしれない。
♣ いままでより相手を理解できた感じがするかもしれない。
♣ もっと話したい、もっとかかわりたいことが見つかるかもしれない。

　ほんとうは好きなのに、相手に合わせてこの10個のものを消したりかくしたりしていたら、自分がなくなってしまいます。おたがいを理解することができません。
　でも、だれかの「好き」を読んで、声に出してみたらどうでしょう。自分の好きなものを認めてもらうほうも、相手の好きなものを知ったよと伝えるほうも、「好き」なものを「好き」って分かちあえるって、すごく自由です。

「好き」なものが教えてくれるのは、
自分自身。
自分の「好き」を大切にしたら、
一人ひとりの「好き」も大切にできる。

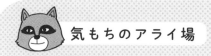 気もちのアライ場

息苦しさの正体

　新しい環境で人間関係をつくるとき、だれもが不安や緊張を感じている。そんなものないフリをしたり、強いフリをしていると、ますます息苦しくなってくる。なのに、その息苦しさをさらにガマンしないと仲よくなれないと思いこむと、仲よしのフリをするために、だれか特定の人を排除したり攻撃したりする。仲間同士でパワーゲームが生まれたりもする。

　そんなふうに、ありのままの気もちを表せない息苦しい空間で、みんなで仲いいふりして足並みをそろえるとき、「同調圧力」が生まれる。それは「世間の目」とか「人並み」とかいう名前をもつこともあるけれど、だれもその姿を見たことはない。

そこでは、だれか特定の人を排除することで、ニセの仲間意識を保とうとすること＝「いじめ」も起こる。理由はなにもないのに、「自分が悪いんじゃないか」とか「自分の思い過ごしじゃないか」とか思いこまされるのも、いじめの恐ろしさだ。

こういう場合、同じフリしてどこかに属したからといって、安全なわけではない。そこにとらわれるかぎり、出口は見えなくなる。

さあ、そこから一歩、踏みだしてみよう。とらわれていたものを眺めてみよう。外に意識を向けてみよう。

身近にアライ（Ally＝味方。P.53参照）が見つからないときにも、広くて遠い世界にアライを求めよう。一番身近にいる「自分」というアライも忘れずに。

仲よくなる、好きになるって、「同じになる」ことではない。意見が一致することではない。波風を立てないことでもない。

最初は好きな部分や同じ部分で近づいていったとしても、かかわるうちに、違う部分が見えてくる。それぞれに、考え方も関係も変化する。それは自然なことだ。

同じように重なる部分と、違う部分を、同時に認めあう。

それは、違うことがなんら不都合でない世界。

違いがあるからひびきあう。違うものが出会って、折りあうとき、いままでなかった新しいものが生まれるよ。

「楽しい」との
つきあい方

私は
楽しい
と感じた

どんな感情？

「楽しい」は、元気をとりもどす感情。
困難な現実や不自由さから解き放ってくれる感情。
思うようにならないときほど、この感情をたっぷり味わえる行動を選択し、
この感情を感じて、認めて、他人と分かちあおう。
きっと、新しい可能性が開けてくるはず。
独占するのではなく、他人と分かちあうことで、よろこびは豊かに広がる。

楽しい

「楽しい」に背を向けると……

楽しむことに
後ろめたさが……

　楽しみたいのに、楽しむことに罪悪感があります。

　だれかが言うわけでもないのに、「自分だけ楽しん
じゃいけない」というブレーキがかかります。後ろめた
いんです。

　すると、楽しんでいる人を見ると無性に腹がたってき
たり、比較してすねたり。ちっとも楽しくなーいっ!

ウジウジ

1　12の感情とつきあう

73

「楽しい」とのつきあい方

「楽しい」はどんなときも、自分をとりもどす元気回復の力をもっています。

　こころが傷ついたときも、癒す力は楽しい時間のなかにあります。
　楽しさは、心配性や完璧主義といった不要なおそれをほどく薬にもなります。
　楽しむことを忘れると、こころは疲弊します。
　「楽しい」を独り占めするべきものと考えていると、人との関係がとぎれて孤立したり、楽しむことに罪悪感を抱いたりするかもしれません。
　ひとりで楽しむこともできますが、そのときの楽しい気もちは人と分かちあえますよね。人といっしょに苦労しながら、楽しむこともできます。
　家族や友だちや大切な人が落ちこんでいるときも、「楽しい」を分かちあうことができます。
　楽しむことやうれしいことに罪悪感をもつときには、「らしさの箱」のなかに自分を閉じこめていないかチェックしてみてください。悪いことをしたことに対する罪悪感は、相手に謝罪し、関係を修復する動機づけとなりますが、楽しむことやうれしさなどに対する罪悪感は、自分を不自由にする鎖となります。
　自分の気もちを心地よくしよう、楽しもうとするとき、それで自分や他人を傷つけないかぎり、自分自身を大切にすることができます。

しがみつかず、手を放す
練習をしましょう

楽しい

小さなメモ用紙を用意して半分に折ります。

左側には、なんとかしたいのにどうにもならないまま、ずっとこころにかかっていることを書きます。

右側には、今日の自分をラクに解放する楽しみを書きだします。いま、どちらかひとつを選ぶとしたら、どちらにする？

さあ、半分に切りはなし、左側のことを手放す練習をしましょう。「一生懸命やってきたね。だからちょっと手を放そう」と。折ったり、丸めたり、捨てたり。

これは手を放す練習です。そして、残った右側の「楽しみ」を手にとりましょう。

♣ それは、いつもこころのなかにある楽しみかな？
♣ 最近忘れていた楽しみはあった？
♣ さびしさを感じるときは、人といっしょにいる楽しみを求めるかもしれない。
♣ 人疲れしているときは、ひとりでやる楽しみを望むかもしれない。
♣ 必要な時間や手間を自分に惜しみなくかけて世話しているかな？
♣ 自分にケチになっていると気づいたら、自分に関心をはらってみましょう。

楽しいからなにかするのではなくて、楽しいことをするから、楽しくなる！

「楽しい」には、癒す力がある。
つらいこころもラクにほどいてくれる。

1⇒12の感情とつきあう

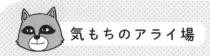 気もちのアライ場

やってみて
はじめてわかることを楽しむ

　新しいことに挑むとき、いろんな人とともに行動するとき、思ってもいないことが起こる。

　そういうときの苦労には、「やるまえから想定する苦労」と「やってみてはじめてわかる苦労」というものがある。

　「やるまえから想定する苦労」で先読み不安がふくらむと、やるまえからメゲてしまうけれど、意外なことに〈なーあんだ、やってみたらとりこし苦労だったよ〉なんてことがほとんどだ。

　むしろ「やってみてわかる苦労」に圧倒されるとき、行く手を阻まれるかもしれない。

　〈こんなはずじゃなかった〉〈あまかった〉と、思うようにならない現実を途中で投げ出したくなるかもしれない。

　このあたりで、意外なほど、気もちのリテラシーが力を発揮する。

　「やるまえから想定する苦労」がいろいろあったけど、〈なーんだ、やってみたら取り越し苦労だったよ〉とほっと一息ついたところで、「やってみてはじめてわかる苦労」に直面して、〈こんなはずじゃなかった〉〈あまかった〉と思うとき、いろんな気もちがつぎつぎわいてくる。

　恐れ、不安、緊張、疲れ……。こういうとき、こころを閉ざして、なんでもないフリをするネガティブな耐性があるほど、問題解決は遠のいて、自分の手に負えなくなる。

　この抱えこみというのは、仕事や苦労を抱えこんでいるというより、気もちを抱えこんでいる状態だ。

「やってみてわかる苦労」にどう対処するかって、けっこう重要だ。
　やってみて気づくこと、やってみて知ること、やってみて学ぶこと、そのプロセスを人とともに楽しみながら乗り越えたい。
「やってみて、はじめてわかることがある」
　そこで気もちを分かちあってこそ、たがいの理解と信頼が深まる。
　どんなときも、どこにいても、気もちはアライとなってそばにいる。

「うれしい」との
つきあい方

私は
うれしい
と感じた

どんな感情？

「うれしい」は、他人と分かちあい、つながる感情。
他人という存在があって感じられる感情で、
あまりにふくらむと「うれしい悲鳴」なんて言われるが、
なぜか悲鳴とくっついても悲劇にはならない。
独占するのではなく、他人と分かちあうことで、
うれしさは豊かに広がる。

「うれしい」に背を向けると……

上か下かの
シーソーゲーム

　友だちや知っている人のことをほめようとすると、自分が負けてしまいそうでイヤになるんです。それならば、ほめなきゃいいのに、気がつくと相手をヨイショしています。

　そんな私自身がほめられることはまずないんですけどね。たまにほめられても、自分だけ目立っちゃうんじゃないかって自分で自分を落とす。

　ほめるのも、ほめられるのも、お祝いごとも、人とくらべずにいっしょにこころから素直に喜べたら、どんなにうれしいだろう。ソワソワ

「うれしい」とのつきあい方

　うれしいと感じることをたくさん体験して、幸せになりたい！　だれもがそう願っています。
　だからといって、「さびしい」や「不安」や「おそれ」や「怒り」や「かなしい」を隠したり無視していたら、「うれしい」が感じられなくなります。
　「さびしい」や「不安」や「おそれ」や「怒り」や「かなしい」のセンサーを鈍らせていたら、「うれしい」のセンサーも鈍くなります。
　シンプルにポジティブな気もちを伝えようとしても、《私は十分ではない》《私には価値がない》という自己否定感の「ないないメガネ」をかけて見ると、ニヒルになったり、卑屈になったりで、素直になれません。そんなときは、いつも比べられていた「こころのなかの子ども」がいじけているのかもしれません。

　これまでをふり返って、あのときはよくやったなあと思えるのは、いつのことですか？

　いま思うと、それはたいへんだったときのことかもしれません。そこでいろんな人の助けを得たことでしょう。たくさんの学びがあったことでしょう。
　そのときにうれしかったのは、どんなことでしたか？

　いま、たいへんな渦中にいる人も、それは変化のプロセスにいます。いつまでも降りつづく雨はありません。

幸せは、得るものではなくて感じるもの。分かちあうもの

うれしい

　特別な日でなくても、日常のなかにうれしいことはいろいろあります。いろんな感情と仲よくなると、「うれしい」のセンサーも元気になります。
　感情リテラシーのゴールは、うれしい気もちをこころから味わえること、それを伝えたり、もらったり、分かちあえることです。

「うれしい」だけ見ようとしても、それは見えない。「さびしい」や「不安」やいろんな気もちを感じられるから「うれしい」も感じられる。

1＝12の感情とつきあう

peaceの木

　ここにあるのはpeaceの木。安心・安全を木に実らせよう。

　根っこにはなにがあるかな？　水、空気、光、風……peaceの木は、この木だけでは育ちません。peaceの木以外のものによって育っていきます。いろんな人のいろんな手が必要です。

　木のまわりに、木が大きく育つためにあなたが必要だと思うものを書(描)いてみましょう。

　大きな紙とクレヨンを用意して、グループで描くのも楽しいですよ。

　ひとりがシンプルな幹と枝を描いたら、一人ひとり描きたいものを同時に描きましょう。それぞれの気もちにそって描くとき、peaceの木が見えてきます。

第2章
気もちのリテラシーと出会う

忘れてしまったパスワード

「そんなに急いでどこへいくんですか?」

「年齢あてましょうか?」

駅の階段を上がるとき、後ろから声がした。

なんだ、スタンドカフェの客寄せロボットか。

ちらと横目で見ると、まっ白い顔で立っている。

それは、とあるOA機器の発表・展示会へ向かう途中のことだった。展示会では人手不足を解消するための最新機器がずらっと並んでいた。みごとに人の手が要らなくなっている。これじゃあ、ますます人手はなくなるなあ。

手だけじゃなくて、人がいなくなるほど、言葉がなくなる。会話もなくなる。

「いかがですか?」と得意気に説明する営業担当に、「すごいですね、すべてほしいですね。でも、お金もないし、ほしいけど、要らないな……。だって、人がいないと、なんかさびしい」と言ったら、たくさんの人で賑わう会場の片隅で「そう、さびしいですよね」と、意外なほどきっぱりとした答えが返ってきた。正直な人なんだな。

こころの窓は二重構造だ。内に開く窓と外に開く窓がある。

外に開く窓は、人とかかわらなければ開く必要もない。うっかり外に開いていた窓から、閉じている自分を見せることはあったとしても、内に開く窓というのは、一人でいるときこそ開かれて、自分といういちばん身近な他者と対話することになる。

外に開く窓を閉じたまま、内に開く窓も閉じているのは息苦しい。閉めっぱなしでは不自由だ。まずは内に開く窓を開いて自分と対話する。そうして、少しずつ、外に開く窓も開いたら、かなり風通しよくこころは自由になっていく。

少子高齢化や人手不足といった社会環境に加えて、ネットでの検索、電子メールのやりとりといったメディアの変化のなかでは、他者と言葉をやりとりせず、自分と対話する時間が長くなっている。

　人は言葉を発さないときも、内面で話をしている。会話が少なくなるほど、内面の言葉は増えるはずだが、インターネットは、他者とかかわらないまま外向きの窓だけを開いて反応し、内への窓は閉じて、内なる言葉には耳を貸さないという状況もつくり出している。感応と感情は違う。自分を守るためにつくったパスワードをいつのまにかすっかり忘れてしまったかのように、気もちを問われて戸惑う人もいる。

　世界中のだれもが内面に持っていて、小さくなったり大きくなったり、熱くなったり冷たくなったり、重くなったり軽くなったり、飲みこんだり、飲まれたり、確かにあるのに目に見えないもの、なーんだ？　それは「気もち」。

　気もちには、「感情」と「欲求」がある。

　感情は、さびしい、こわい、疲れた、かなしい、楽しい、うれしい……シンプルで短い言葉であらわせる。

　そして、感情は、私がどうしたいか、どうしてほしいか、という「欲求」を伝えてくれる。

♣さびしい　→「話したい」

♣好き　　　→「会いたい」

♣疲れた　　→「休みたい」

♣こわい　　→「安心したい」

2｜気もちのリテラシーと出会う

「〜したい」からって、かならずしも「〜する」わけではなく、「〜したくない」からって、かならずしも「〜しない」わけではない。

「〜したい」ことがすべて実現するわけではないけど、自分の気もちを認めて自分を理解する。どうするかを自分で選択する。自分のなかに答えを見出すことで、自分への信頼が深まる。

気もちとつきあうことは、自分自身とつきあうことだ。気もちを語ることで、私という物語が生まれる。

それは、人とつきあうこと、問題とつきあうこと、この世界とつきあうことへとつながっていく。

どんなに便利な文明の機器が登場しても、自分を助けて、自分の世話をして、自分に味方するものは、とりあえず「私」の内なる声なのだ。

感情という内なる子どもの声を抑圧するもの

10代の苦悩を手紙で受けとめる思春期相談室「ティーンズポスト」がスタートしたのは、国連子どもの権利条約が批准された1994年だった。

子どもと大人の新しい関係づくり、それはすべての社会差別や暴力から自由になる世界を模索する道。それを郵便局の小さな私書箱の相談室からはじめるという試みは、メディアにもとりあげられ、賛同者が各地から集まった。翌年、阪神淡路大震災が起きると、支援者のセルフケアとしてもニーズが高まった。

書くことでみずからの内面に耳を澄ませ、自立的な問題解決をサポートして四半世紀。そのかん、郵便からインターネットへ、手紙からガラケーやスマ

ホヘと、媒体と道具は変化したが、書くことで自分と対話し問題に向き合い、他者や世界とつながって、問題を「恵み」にしていくというスタンスは変わらない。

こんにちは。
単刀直入ですが、話すと長くなるので、ざっくり話すと、
家族と周りの人間関係について悩んでます。
なんと言いますか、自分のことを理解しようとしてくれる人がいなくて。
それが欲しい、もしくは、今住んでいる場所から離れたい、
消えてしまいたいという欲求があります。いつも、どうしたらいいか、
わからずに、たまに、一人で泣いています……。
どうか、私の悩みにのって頂けますでしょうか？
　ハコベ、15歳

思春期相談室に届く手紙やメールからは、生きてる限り人が向き合いつづける本質的苦悩があぶり出されることがある。だが、一般には、子どもの悩みなど、とるにとらないつまらないものという捉え方をされることがある。こういう子ども観こそ、感情という内なる声を抑圧する元凶、"オトナさま主義"だ。

さてさて、先の相談メールに返事を返そう。

ハコベさん
はじめまして。
ハコベさんは、家族と周りの人間関係について
メールをくれたのですね。

＞自分のことを理解しようとしてくれる人がいなくて、それが欲しい

>いま住んでいる場所から離れたい欲求があります。

ハコベさんの「欲求」をきかせてくれて、ありがとう。
〜してほしい、〜したい。「欲求」ってね、自分でわかっているようで、
とりちがえていたり、すぐにしっくりとはわからないことありますね。

>いつも、どうしたらいいか、わからず

ということは、もしかすると、ハコベさんは
自分のホントの「欲求」に、出会ってないのかもしれないね。
自分のホントの「欲求」に触れるには、
自分の感情を感じて認めることが必要です。

>たまに、一人で泣いています。

涙であらわしている感情に味方して、時間をかけて、
その感情に名前をつけてあげられたらいいですね。

>どうか、私の悩みにのって頂けますでしょうか?

よかったら、続きのお話を聴かせてください。

　思春期の若者たちは「やりたいことをやりなさい」と言われるけれど、やり
たいことというのはいろいろやってみないとわからない。大人がやりなさいと
いうことだけでなく、むしろ、大人が望まないことや考えもつかないようなこ
とをやってみて、やりたいことが見えてきたりする。
　それでも、やりたいことは、いくつになっても、わかったつもりでもわからな
かったりする。

あー、私、なにをしたいんだろう？　と、日々悩んでいる。

なのに、私たちの暮らす物質文明社会は、欲求をかなえてこそ幸せが得られるという幻想に満ちている。その幻想にとり憑かれ、お金やモノを求めようとすれば、気もちは、満たすためのものになる。まるで子どもの気もちを聞かずに、すぐに実現しようとする親に対して、子どもが気もちを話せなくなるように、気もちは萎れていく。

気もちは、自分が何者であるかを理解させてくれる。だから、実現する・しないにかかわらず、まずは感じて認めるのだ。そのうえでそれを人に伝えられたら、その欲求がかなわなくても、新しい情報が入ったり、そこに心地よい関係が生まれたりする。

まもなくして、ハコベから2信目のメールが届いた。

自分の気もちを伝えたほうがいいとまわりの大人は言うけれど、
かんたんそうでなかなか難しい。気もちを分かちあったあとで、どうなるの？
と思う。私はその後の結果が知りたい。
テレビで最近の子どもたちはこんな感じ、と分析している人がいたけど、
子どもだって人それぞれなんだから、同じわけがないだろう。

家族のこと、学校での様子を記すハコベの内側から、泉がわき出るように言葉が出てきた。

手紙でもメールでも、1通1通ていねいに返信する、この相談サービスの特徴は、まず担い手のセルフケアを重視することだ。その養成では、自身の気もちリテラシーの習得を第一に考えてきた。

相手に寄り添うときには、自分の内にたくさんの感情がわき起こるものだ。

それは遠い時間をさかのぼり、子ども時代の自分につながることも多い。

　大人が内なる子どもをケアすることなくして、目のまえの子どもの気もちに寄り添うことはできない。傷ついた内なる子どもを抱えた大人は、目のまえの子どもから目をそむけたり、支配しようとしたりするだろう。

　子ども期の喪失体験に蓋をすれば、善意であろうと、目のまえの子ども（相談者）をコントロールしようとし、とらわれれば援助依存症という燃え尽きに至ることもある。

　だが、自分自身の人間関係の歴史をふり返り、内に開く窓から自分と対話するセルフケアに着手すれば、個々の思春期の体験や家族問題、疾病、障害、社会的少数者であることは「当事者性」として相談活動に生かされ、10代がなにより求めつつ、なかなか手に入れられずにいる当事者性に立つ対等な自立のサポートとなる。

書くことで「わたし」の声を聴く

　ハコベは、一番つらかったという小学校高学年のクラスの人間関係をふり返ったあとで、そこで身につけた生きづらさについて書きはじめた。

私は人を傷つけたくないし、対立は面倒くさい。
だから思っていても、口に出さない。
なにか感じていても、なにも感じてないようにするので、
他人から良い印象をもたれているけど、私は自分が好きになれない。

　波風立てないのがよいことと、自分の気もちを呑みこんでいると、失敗も間違いもなにも起こらないかもしれないけれど、風の吹かない凪いだ海原でひと

りぼっちで揺れる小舟は、どこの港にも着けない。

　私は「不安」と「おそれ」の感情タロットを添付した。

「不安」とは、期待とつりあう感情。
不安が大きくなったら、期待を現実サイズにしてみよう。
「おそれ」は安全や安心をつくる感情です。

　レター相談を始めたころから、メンタルヘルスやアサーティブネスの情報を子どもたちが手にできるようにと、豆本や絵本をつくっては同封してきた。自分自身を理解するための言葉や情報を子どもたち自身が手にすることが必要だと思ったからだ。

　やがて、目に見えないはずの感情をタロットカードにして同封するようにもなった。出前授業ではそれをスライドにしたり、音楽朗読劇にしたり、また、感情くじびきやトランプをつくって持参した。のちにブックレットや本として出版したものは、みなそのようにして生まれたものばかりだ。

　ハコベは、添付した感情タロットをスマホに保存して、ときには待ち受け画面にしたりして眺めていたという。自分の内面にあるものを外在化して手に取って眺めるというのは、感情とつきあう第一歩だ。

　そのうち、ハコベは感情の対処についてわからなさを抱いた。

不安とつきあうために、期待を現実サイズにしてあげてね、といわれても、
現実サイズがわかりません。

　無理すること、がんばることはわかるけど、リアルになることがわからないという声は大人からもよく耳にする。私は返信を書いた。

ハコベさん

わからないものがわかるのは、大発見です！

おそれや不安は新しいことを始めるときにわいてくる、

自分に味方する大切な感情だけど、見ないようにしていると、

大きくふくらんで、まだ起きてもいないことを、

いろいろ心配するようになるかもしれない。

その心配事は、どんな場面で登場するのかな？

自分のチカラで変えられるものはなんだろう？

変えられないものはなんだろう？

それを見分けようとすることで、現実サイズの期待が見えてくるよ。

問いかけという支援

　子どもたちは周囲の大人から、「将来どうするの？」「このままでいいの？」「なにを考えているの？」といった叱責や詰問で迫られることはあっても、「将来のことを考えるとどんな感じがする？」とか、「そう思うようになったきっかけを聞かせて」といった問いかけを投げかけられ、耳を傾けられることは少ない。問いかけられ、関心を寄せられ、耳を傾けられる体験があれば、安心して情緒をやりとりできる。問題とつきあうチカラが育つ。

　問いかけとは、本人だけが知りえる真の自己に光をあてていく支援であり、レターカウンセリングがもっとも得意とするところだ。それはメディア（方法）が紙から電子機器に変わろうと、子どもたちのこころが育ち自立していくために欠かせないものだ。

　世界中どこにいても無料で瞬時に気もちをやりとりできるメディアができるなんて、想像もしなかった夢のようなことが実現している。

ガラケーからスマホに変わって、メール文の内省が手紙のように深まっている。この先もまだまだ予想もつかない変化を遂げていくのだろう。

　しかし、どんなに時代や社会やメディアが変わろうと、だれかのためではなく、自分のために「書く」という作業は、変わりなく私たちの自立を支えていくはずだ。

　ただ、子ども・若者や社会的弱者にとって、感情を認めることや表現することは、ときに大きなリスクをはらんでいる。感情を認めないことで自分が壊れないようにし、感情を表現しないことで生き延びることもある。感情を安心して表現できる場がないということが、生き難さの根源にあることを忘れてはならない。

　学校に出前するプログラムのなかで、自分と対話するレターカウンセリングの記述ワークをとり入れることがある。それは一切、回収しないし、公開もしない。ただ、自分という安全な読み手に向けて書く作業だ。

　生徒たちからは、「はじめて自分のために書いた」「書くということは素の自分とつながることなんだ、とはじめてわかった」という感想が届く。

　自分のために書くことを知って、自分のなかに問題解決のチカラを見いだし、悩み上手になってほしい。それは、世界で一番安全な「私」が読み手となって、たった一人でもできることだが、他者に向けて「私」を伝えようとするときにこそ、「私」自身が明確に見えてくるものだ。

　縁もゆかりもなかった、でも、確かに存在する他者なくしては見えてこない「私」がいる。

　しばらくして、ハコベからメールが届いた。

いろいろなことがやっと動きだした感覚です。少しずつ気もちがラクになりました。

いまの私は死にたいとは思わない。死にたいほど、つらい、かなしい、さびしい……

気もちに名前をつけて言葉にしてます。私はなんとかやっていけそうです。

どこからともなくやってきて、そして、また静かに日常に戻っていく、これがレターカウンセリングの醍醐味だ。

奪われたものをとりもどす

子ども・若者が問題に直面したとき、周囲から原因探しをされ、レッテルを貼られ、かわりに問題解決をされ、転ばぬ先の杖を渡されて、本来の力を奪われることがある。

そうではなく、子ども・若者が自分を理解し、自分の専門家となることで、自己といういちばん身近な他人との関係を築き、そこから他者とともに生きる自立をつかんでいくことを応援したい。そのときに、前作『こじれない人間関係のレッスン』で著したアサーティブネスや、この本のテーマとなる「気もちのリテラシー」の情報は、エンパワメントの強い味方となる。

2000年に入って、ガラケーが急速に普及したころ、いっとき手紙相談が激減する時期があったが、社会をにぎわす事件の背景からは、むしろ問題が内向化していることが感じとれた。私たちは、内在化する暴力への危機感を抱き、これまでの「待っている相談室」ではなく「行動する相談室」として、アサーティブネスや気もちのリテラシーを届ける出前プログラムを運ぶようになった。同時に、出版やウェブサイトを通じて10代に向けた情報を発信するようになった。

出前先でも、とりあげるテーマは、感情、コミュニケーション、人間関係……など、目に見えないものが相手だ。

とかく形があったり数字にあらわせることが重視される世の中で、形もなく、勘定もできない「感情」をどう見せるのか？ いつも苦心してきた。そんな試行錯誤から、一人ひとりが違うものであり、同時に、さまざまな違いを超えて通じるもの、その相違と共通項を遊びや学びで実感できる道具を支援者仲間とともに作った。

そうして、感情くじ引き、感情タロット、感情よみガエル君、感情回復ボックス、感情トランプ……をトランクに詰めて、行く先々では手応え十分。

学校の教室でも気もちのリテラシーの授業を終えると、たくさんの子どもたちが集まってきて、それぞれのストーリーを聞かせてくれた。家族のこと、震災後のこと……。「気もちはただ存在するもの」というあたりまえのことを共有しただけで、こんなにも自由に話してくれるんだ。子どもたちの反応は正直だった。

子どもの支援は、家族の支援、支援者の支援

子どもたちは、感情表現やコミュニケーションを大人の姿から学ぶ。だから、大人がそこに関心を払ってくれることがなにより大事なのだが、その大人自身が「そんなこと自分も親から学んでこなかったし」と嘆くことは多い。

でもね、親がしたこと以外できなかったとしたら、人類は滅亡してしまうのだから、いくつになっても学びは、行き詰まったときの活路となる。

家族問題を家族関係からほどいていくプログラムのなかで、「私はいけない

母親でしょうか？」と尋ねてきたノギクさんは、娘が自立しないことで、こころを痛めてきた。

　大人もまた、感情を抑圧すると、「良いか悪いか」「正しいか間違いか」「勝つか負けるか」という白黒大魔王がすみついて、いつも自分をジャッジするようになる。気もちを抱えこむほど、適度な距離がとれなくなるだろう。

　「娘さんとのあいだにどんなことがあったんですか？」と問いかけてみた。ノギクさんは、ふりしぼるような声で、「じつは、ゆうべ、娘から、お母さんって、ひとの話を、ぜんぜん、聞かない、よね、と言われたんです」と言う。

　思いもかけないことを言われたときって、ショックで頭が真っ白になるよなあ。私はバッグから感情タロットを取りだして、目のまえのテーブルに並べた。そして、もう一度問いかけた。

　「娘さんがそう言ったとき、どんな気もちになりました？　そのときの感情をこのなかから見つけてみてください」

　ノギクさんは、しばらくカードを見つめていた。そして、右手を出して、そうっと一枚のカードを拾った。

　「これ、これかな？　さ、び、し、い……」

　しばらく、じっと手にとったカードを見つめているノギクさんに、私は言った。

　「ノギクさん、そのとき、さびしい、って感じてたんですね。そのとき言葉にならなかったけど、いま、気もちに名前がついたんですね。それを、今日うちに帰ったら、娘さんに話してみましょうか。娘さんが、お母さんってひとの話をぜんぜん聞かないよね、と言ったとき、私はさびしいって感じてたんだ、と」

　　ノギクさんの表情がほどけた。その後、ノギクさんは娘さんに話せたかなあ。

たとえ話せなかったとしても、自分の感情を認めたノギクさんのこころの窓は、すこし風通しよくなったことだろう。「さびしい」は、人とともに生きる自立に欠かせない感情だもの。

コミュニケーションは、相手を思い通りにするものでもないし、相手に合わせるものでもない。そもそも相手を思い通りに変えることなんかできない。私たちにできることは、内に向く窓を開いて、自分の気もちを認め、そして、それを外に向けて開くということ。そうしたら、相手も二重構造の窓を開きやすくなる。こころの壁がほどけていく。

自分を認めなければ語れない

アサーティブ・トレーニングでは、相手に向かってどう表現するかという自己表現を重視するわけだが、自分で認めていないものは語れない。

「こんな感情はいけない」「こんな感情はわがままだ」── 相手に対して語る言葉より、自分の内で抑制したり評価したりする言葉のほうがにぎやかになる傾向は、メールのやりとりで言葉を発さなくなってからますます顕著になったかもしれない。ひとり一台を手にする端末機器のせいもあるのだろうか。

電話口に出た相手の声がかすれているので、「風邪でも引いたの？」とたずねたら、「今日は朝から声を出してなくて、いまのが第一声です」なんて言われたこともある。知らずしらず引きこもるのは、全世代にわたる傾向かもしれない。

自分の感情を認めて、受け入れて、表現することで対処するのが情緒的自立であるのに、認める以前に、ますます自閉的にこもっている。穏やかで平和

なものが内面にこもっているならまだしも、イライラ、ウツウツ、ムカムカといった二次的感情（気分）が内に向かえば、自分をいじめる「内向する暴力」となる。さらに、ねじれたままSNSで発信されたり、仲間や弱いものに矛先が向いたりするのはやっかいだ。

　こうして自分ひとりの内であーだのこーだのと糾弾エアー会議をやっていると、自分も存在しなければ、相手も存在しなくなる。
　いつの間にか、相手に合わせて波風立てずにとりつくろうことを「コミュニケーション」と定義するようになった風潮もあって、大人社会でも意見を発さない「静かな会議」が悩みのタネになっていたりする。うーん、問題は山積みなのに、みんなで凪状態のなかで暮らし、SNSで不健康な気分を垂れ流し、内向する暴力を自分に向け、関係を分断させていくというのは、それ、どうなのよ？
　あぶくをさらうことで消耗するより、その元に目を向けてみないか？

だれもが持っている「気もちのリテラシー」

　気もちのリテラシーは暴力によって阻まれ、気もちのリテラシーを阻まれることで暴力が再生産される。
　気もちのリテラシーをとりもどすことは、暴力に傷ついたこころをケアすることでもあり、暴力の予防でもあり、こころの健康や権利意識を育むことにもつながっている。
　私たちは生きているかぎり、家族、学校、職場、コミュニティ……など、自分自身との関係から始まるさまざまな人間関係の悩みを抱くわけだけど、正

解のない問題に向きあうときの基盤が、この「気もちのリテラシー」にある。

　そんななか、子ども支援の現場で日々奮闘する小学校の保健室の養護教諭からメールが届いた。

八巻さん

こんにちは

昨日の放課後、卒業生が保健室に入れ替わり立ち替わり訪問しました。

最初に来たのは、春に卒業したばかりの中1の女の子。

「同じクラスの子が、突然、後方から押してきたり、

座ろうとした瞬間にイスを引いたりするんだけど、

これっていじめられてるのかな?」と浮かぬ顔。

小学生だったころのように"感情タロット"のまえに座り、

友だちといっしょにそのときの気もちを振り返り、

「いや・NO」「怒り」「おそれ」とカードを拾ってます。

「どうやったら伝わるか、やってみよう!」とロールプレイが始まり、

いろんなバージョンを試しながら、

友だちとあーだこーだ言いながら納得いくまで練習をしていました。

帰りぎわに「先生、明日やってみるね!」と。

その横でいっしょにくっついて来た友だちは、

「○○が言っても相手が聞かなかったら、私が助けるから!」と

アライのカードを見せます。自信を持って笑顔で帰る二人を

見送りながら、ジワーッと胸が熱くなりました。

その余韻に浸る間もなく、卒業生の中3男子がやって来ました。

中学校での友だち関係についてあれこれ話しながら、

これまた"感情タロット"のまえに座り、生徒指導のことや、

仲良しグループや最近好きになった人と良い関係を築いていくために

どうしたらいいのか話しはじめました。

保健室のテーブルで、「好き」というカードを手にとって、

「好きってどういうこと？」と自問しています。

「あこがれの人が突然スキンシップをとってきたんだ。うれしいような、

びっくりするような、なんとも言えない気もち、言葉にできない」

「うれしい」「楽しい」とつぎつぎカードを手にとって、

「遅くまでいっしょに遊んで、補導されても別にいいと思ってたけど……」。

はじめて好きな人ができたときの距離のとり方は難しいですよね。

「不安」「疲れた」「さびしい」と、

つぎつぎと感情タロットを手に取って眺めています。

「先生、大丈夫。相手を大切にしながら自分の気もちを大事にするから」

と笑顔で帰っていきました。感情を手に取ることで、

目に見えない「境界線」と距離の作り方までイメージできるんですね。

これは、ある日の保健室の1時間足らずの出来事だったのですが、

私にとって熱く心を揺さぶられる時間でした！

八巻さんがはじめてうちの小学校に出前授業をした3年前。

あのときの6年生が、いま中学3年生となっています。あれから3年間、

卒業していった子どもたちが、中学2年生、中学1年生となりました。

卒業をしても、あの日の学びを忘れずに、

たびたび保健室を訪れては感情タロットのまえに座って、

自分の感情と向き合い、アサーティブに伝えるにはどうしたらいいかを

楽しみながらロールプレイしています。

年々、卒業生の心にアサーティブの芽が育っていること、

迷ったり悩んだときに振り返りができる場所、

練習する場所があることの大切さを実感しています。

そのたびに、子どもたちの成長と可能性を感じ、

子どもたちからパワーをたくさん貰っています♪

小さな種が、着実に芽を出し、成長していることを

お伝えしたくて長くなってしまいました……（＞＜）

以下は、感情カードとアサーティブネスを道具に、保健室から

コツコツと実践する地域の養護教諭からのリクエストです。

・感情タロットの活用方法

・表現に対する捉え方や見方、気もちを表現する方法の伝え方

・人権教育と性教育をつなげる気もちのリテラシーのアプローチ

・性暴力を含めさまざまな暴力から自分を守る自己信頼

・アサーティブ・トレーニングの日常的ファシリテーション

・携帯（LINEやtwitterなどSNS）のトラブルに、自分も相手も尊重する境界線づくり

そんなことがわかる本があるといいな、と思っています。

たくさんの子どもたちのこころの声、そして、そこに寄り添う現場の声が、

この本をつくるチカラとなった。

この本は、そんな私たちの本であり、あなたの本だ。

第3章

感情プレイングカードで遊ぶ

感情タロットが生まれるまで

「感情タロット」は、感情やコミュニケーションという目に見えないものをどうしたら実感できるかと苦心していた1994年ごろに生まれた。

各地でアサーティブ・トレーニングを開催し、情緒的交流について学びあうとき、「感情なんて認めていいのか？」「そんなもの認めたら大変なことになる」「世間についていけなくなる」という無言の圧力に対して、そんなこと言ったって、一人ひとりのこころのなかに確かに存在するものでしょ！ これだよ、これ！と、目の前に示す「切り札」のようでもあった。

ある日、漢字研究家の伊東信夫さんが、漢字の世界を学びあうために制作してきた教材のなかから、手製の「くじ引き」を私にくれた。まるで長良川の鵜飼のような、縁日の夜店のような、12本の束ねたひもの先に小さなカードがついているシロモノだった。

なにかがひらめいた私は、さっそくそのひもの先に小さな封筒をつけ、12の感情の言葉を記した12枚のカードを1枚ずつ、封筒のなかに仕込んだ。「感情くじ引き」の誕生である。なにが引けるか、意志の力ではコントロールできず、ときにはひもがからんだり、もつれたり、それでも1本ずつていねいに引いてはじめて中身がわかるのは、感情も同じ。

この「感情くじ引き」の12枚のカードが、本書で紹介している「感情タロット」だ。感情のコントロールとは、感情を消すことではない。在るものを消すことはできない。引きあてた感情を手にとって眺めて、読みとって、それを人にどう伝えるか（伝えないことも含めて）を選択する「情緒的自立」の土台となるエモーショナル・リテラシーを、このシンプルな仕掛けで一目瞭然に伝えることができる。いつのまにかそれは、感情を否認することでこじれる人間関係に苦しん

でいる人たちと、気もちとのつきあい方を学ぶために欠かせない道具となっていった。

愛犬クロ（TEENSPOSTのマスコットキャラクター）のイラストもつけ、何度も作りかえ、はじめは大人向けだったものが、小学生・中高生からシニアまで世代を超えて広がり、携帯サイトのWeb版のほか、海外研修生向けに英語版・スペイン語版も誕生した。こうして「感情タロット」はたくさんの人に出会うことで、「感情トランプ」「感情よみガエル君」などの小道具へとつぎつぎにハイブリッドし、演劇や手品にもなり学校の保健室では壁掛けのウォールポケット式で活用されるようにもなった。

だが、これは自分自身で学び試行錯誤するまえに、手っとりばやく人に覚えさせよう・やらせようとする、コントロールの道具ではない。

ともに学びたい、分かちあいたい、支えあいたいと願う相互の関係性があってはじめて学びは深まるし、また、その学びが、新しいもの・異なるものを受けいれていく寛容さや多様性を包む関係性をつむいでいくのだ。

人が生きぬくために身につけてきたものは、どんな生き難さであっても意味がある。それを「表現力の欠乏」とか「自己信頼の欠落」という言葉で個人化して否定するのではなく、「感情タロット」でともに遊ぶことで、子ども時代に得られなかったものや失われたものをとりもどしたい。そして、世界や人とつながるオルタナティブな対処の仕方を学びあい、日々の暮らしのなかから自分を好きになる手立てを見いだしていきたいのだ。

これからも、手から手へとわたって、相互の関係性のなかで、新しい遊び方・学び方がうまれ、情報交換できたらうれしい。

遊んでみるまえに

「感情タロット」は、目に見えない感情というものを目に見えるようにしたり、ときにもやもやと言葉にならない感情を内面から外に取りだしたり、さまざまな遊びができます。

また、これを4種くみあわせて、トランプにすることもできます。

この章では、「感情タロット」を使っての遊び方、つづいて「感情トランプ」の遊び方を紹介しています。複数人でおこなうものは、ファシリテーターのリードのもと、人数や遊び方は自由に工夫してください。

12の感情タロット

感情タロット（12枚＋Ally）……この本にとじ込まれています。切り離してご利用ください。

感情トランプ（54枚＋Ally）……ミニ版を付録にしました。タロット12枚にエースのカードを加え、それを♠♣♥◆の4組セットにしたものです。ジョーカーのかわりにアライ（Ally）のカードもあります。

3―感情プレイングカードで遊ぶ

タロット1

感情くじ引き

ひとりから何人でも

ほかの言葉で、あるいはジェスチャーなどで表現。
いろんな感じ方があることに気づく

1 シャッフルした感情タロットを、裏返してテーブルの中央に積みます。

2 最初の人が、タロットの1枚を引き、感情を、その言葉を使わないで、あるいはジェスチャーなどで表現して、ほかの人に伝えます。

例　「その感情は……なときに感じます」
　　　「それを感じると、私は……になります」などなど

3 ほかのメンバーは、それがなんの感情かを当ててみましょう。

（以下、交代で続ける。）

4 ひとりでやるときは、そのときこころにかかることを思い浮かべつつ、感情タロット1枚を引きます。引いた感情のページ（第1章）を読んでみましょう。ひとり遊びのセルフケアができます。

＊紙袋や布袋などにタロットを入れ、そこに手を入れて引いてもよいです。また、小さな封筒にひもをつけたものを12個用意し、それにカードを1枚ずつ入れ、くじ引きの要領でひもを引くのも楽しい。

＊2で、タロットに書いてある感情とは別のいろんな答えが出ても、間違いではありません。ひとつの場面である人が感じている感情は、他の人に共通することもあるけれど、人それぞれで共通しないこともあります。ただ、出題者の手にするカードに書いてある感情を当てるゲームとして楽しんでみてください。

＊もし、なかなか正解が出ないときは、別の人に出題者を交代してみましょう。出題者が変われば、また新しい視点で表現され、さまざまな伝え方のあることがわかります。

3＝感情プレイングカードで遊ぶ

109

タロット2

名刺交換

10名くらいから

感情にまつわるエピソードは人それぞれ。
アイスブレイクにも最適

1 シャッフルした感情タロットを1枚ずつ配ります。

2 ふたり一組になり、名刺交換の要領で自分のタロットを相手に渡しましょう。そのとき、その感情にまつわるエピソードを話します。おたがいにおこないます。

　例　「これをもてあましてます」「これと仲よくしてます」
　　　「これはときどき、私をジャックします」
　　　「これが最後に姿を現したのは、〇年前です」

3 相手をかえておこないます。先ほどもらったタロットを渡し、その感情にまつわるエピソードを話します。こうして、何度かくり返します。

＊ タロットを渡しながら、いまの気もちや最近のマイブーム、かんたんな自己紹介をしてもよいです。ワークショップやグループワークの最初のアイスブレイクに好適です。

＊トランプでやる場合、人数（24人以内）によっては1人数枚ずつのカードを持ち、そこから選んだ任意のカードを1枚ずつ交換していくのもよいでしょう。感情の偏りをふせぐため、♥マークだけとか、黒いマーク（♠♣）だけでやるなど、アレンジしてください。

　だれもが感情をもっています。感情を認めることは、かならずしもそれを好きになることではありません。感情を認めることで、それを出すこと・出さないことや、どんなふうに表現するかを自分で選べるようになります。

3 感情プレイングカードで遊ぶ

111

タロット3

おしゃべりタロット

ひとり〜10名くらいまで

感情を声に出してみることがだいじ。
みんなに向けて。そして、自分に向けて

1 感情タロット12枚を表にして、全員に見えるように場に並べます。

2 ひとりずつ、今日の自分にマッチする感情タロットを選びます。最近の出来
　事を話しながら、タロットを1枚ずつ手に取って、声に出して語ります。複
　数の感情（タロット）を選んでもOKですが、話す時間を平等にシェアしたいと
　きはタイマーを使うとよいでしょう。

　例 「今日は、朝から雨が降っていて、私は……と感じました。
　　　駅で電車に乗りそこねて、私は……と感じました」など

3 話しおえたら、カードをもとの場所に戻し、つぎの人も同じことをします。

　＊ ひとりでやるときは、この本の、その感情のページを読んでみましょう。感情にまつわる出
　来事や感じを日記に記したり、自分だけの感情ノートを作ってもいいですね。

　　感情を語るのに難しい言葉はいりません。「今日は、緊張して、不安で、楽しい
　……」と、ただカードの言葉をシンプルにつなげるだけでOKです。
　　感情を語らないということは、たんに口を閉じて黙っている場合をいうだけでは
　ありません。多弁であっても「人は」「社会は」と一般化したり、二人称や三人称で
　語ると、一人ひとりの感情は隠れてしまいます。
　　感情を人に語らないほうが安全な場面もありますが、どんなときでも自分と対話
　することはできます。また、親密な関係は感情を語りあうことで育れていきます。

3 感情プレイングカードで遊ぶ

113

タロット4

お話づくり

ひとりでも、グループでも

どんな場面にも感情はひそんでいるもの。
そして同じ場面でも、見いだす感情は人それぞれ

1 感情タロットをシャッフルし、場に伏せて積みます。最初の人が1枚とり、そこに書かれている感情を使って物語の始まりを語ります。

> 例「疲れた」のカードで、「昔々、あるところにおじいさんがいました。おじいさんは山で柴刈りをして、今日はとても疲れています」など。

2 話し終わったらオモテにして場に置きます。つぎの人も同様に自分が手にしたカードを使って、お話の続きをつくります。

> 例「不安」のカードで、「おばあさんが川で洗濯をしていたところ、大きな桃が流れてきました。これは一人で運べるか、不安です」など。

3 つぎつぎと12枚の感情を使って、お話を展開していきましょう。

＊1番目の人は、物語の設定（時代、時期・季節、場所、登場キャラ、背景など）をなるべく具体的に話すと盛りあがります。つぎの人は、まえの人の話した設定を引きついで、そこから自由にストーリーを展開させましょう。

＊ひとりでやるときは、4枚引いて4コママンガにしたり、ノートなどにイラストを描きながら絵本にするのもいいですね。

＊完璧なストーリーを追い求めず、結末はハッピーエンドも悲劇も不条理劇もあれば、「続く」や「未完」で終わる場合もあります。何度かやって、いろんな結末を楽しみましょう。

　同じ場面でも、人それぞれ感情のもち方は異なります。また、感情はフレッシュなナマモノで、場面が変われば、変わっていくものです。

3　感情プレイングカードで遊ぶ

タロット5

お出かけタロット

ひとりで

イライラ、ソワソワ、ウツウツ……するとき、
自分のなかの見えなかった感情と出会う

1 出かけるまえに、あるいはなにかをするまえに、机やテーブルのうえに感情
　タロット12枚を並べます。

2 今日の自分の感情に合うタロットや、これからこころにわくと予想される感
　情タロットを選びます（何枚でもかまいません）。

3 その感情を「その日、仲よくしたいもの」「持ち運ぶのがつらいもの」「手放
　したいもの」に仕分けてみます。

4 「仲よくしたいもの」を財布やバッグなどにいれて持ち歩きます。スマホで写
　して、待ち受け画像や写真フォルダに保存してもいいですよ。

　　ダブル・カタカナ気分（イライラ、ソワソワ、ワサワサ、ウツウツ…）のとき、このタロット遊
びをやってみましょう。
　　感情は自分のものですが、それにいつもしがみつかずに、手放してもいいのです。
その感情と仲よくするということは、いつもぴったりくっついていることではないし、
それを思い通りにしようとすることでもありません。感情にふりまわされたり支配さ
れたりすることなく、ただ認めることができるよう、安心して忘れられる感情の置き
場所をつくりましょう。
　　「持ち運ぶのがつらいもの」「手放したいもの」は、つぎのページのお留守番タロッ
トで使います。

3 ─ 感情プレイングカードで遊ぶ

117

タロット6

お留守番タロット

ひとりで

外に連れ出したくない感情は、
一日、家で待っていてもらおう

1 まえのお出かけタロットで選んだカードのうち、「持ち運ぶのがつらいもの」
「手放したいもの」を、自室の大事な場所に並べましょう。

2 そのカードに、「きょうは一日、顔に出せないけれど／ふりまわされたくない
けど／しがみつきたくないけど、帰ってきたらかまってあげるから、待って
いてね」と、こころのなかの子どもに語りかけるようにその感情に語りかけ
ましょう。

3 ぶじ一日を過ごせたら、その感情のためになにかおみやげを用意して帰り
ましょう。お気に入りのもの、好きな香りの入浴剤、あたたかいお風呂、お
気に入りの動画や音楽、星空を眺めること、ていねいに煎れた紅茶……。
お金をかけてもかけなくても、自分のこころとからだを大切に手あてするも
のを考えてみましょう。そして、その日の出来事を紙に書いて、感情と対話
する時間をつくりましょう。気もちはいつも待っていてくれます。

3 感情プレイングカードで遊ぶ

トランプ1

感情ならべ ① （七並べ）

1 アライ（Ally）のカード2枚を含む54枚のトランプを全員に配り、7のカードを場に縦に並べ、七並べをしましょう。パスの回数やアライの使い方などは、みなさんのローカルルールに任せます。

2 カードを場に並べるときは、そのカードを声に出して読みます。

　例 「私は疲れた！」「私は楽しい！」

3 感情の言葉が書かれていないエースを並べるときは、「私は……したい」と、いまの自分が望むこと（欲求）を言葉にしてみましょう。

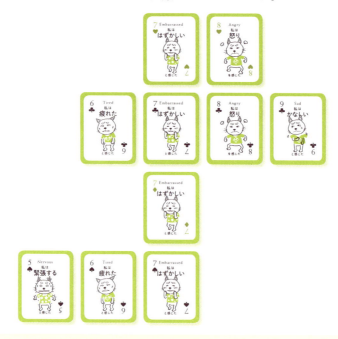

声に出して言うことの爽快感や感覚を味わってみてください。感情を味わうと、自分がやりたいこと（欲求）も言葉になりますよ。

トランプ2

感情ならべ ❷（大人数でできる七並べ）

1 大人数（15人〜54人まで）で円になり、ファシリテーターが54枚のトランプを全員に行き渡るように配ります。

2 ファシリテーターがはじめに「7」と呼ぶと、「7」を引いた人たち（最大4名）が中央に集まります。集まった人は、それぞれがカードの感情をイメージし、ファシリテーターの「キ・モ・チ」の掛け声でその感情を身体表現します。

3 見ている人は周囲からその感情を当てます。当たったらファシリテーターは「ピンポーン」と言います。

4 ファシリテーターは、「7」を中心にすべての数字を順に呼び（6→8→5→9……）、同じゲームを続けましょう。A（エース）を引いた人は、その日の朝の気分を身体でひとりずつ表現します。最後に、アライ（Ally）を引いた人は、これまで誰かの気もちを聞いて助けたこと、誰かに気もちを話して助けてもらったことを話します。

＊ 人数によっては、エースやアライ（Ally）などをあらかじめ除いてもよいでしょう。参加人数に合わせてアレンジしてください。

＊ ゲームの進行ごとに、ファシリテーターは感情の特徴や意味を分かちあいます。この本の感情との「つきあい方」の部分を読むのもいいです。

3＝感情プレイングカードで遊ぶ

トランプ3

ハートの壁（神経衰弱）

1 模造紙のうえに大きなハートを描き、ハートのなかにトランプを裏返しにバラバラに置き、順番を決めて神経衰弱ゲームをしましょう。

2 カードが2枚合致したら、それを表向きに重ねてハートの外に置き、声を出してそのカードを読みます。

　例　「私は疲れた！」「私は楽しい！」

3 エースのカードが合致したときは、「私は……したい」と、そのときの自分の欲求を言葉にしてみましょう。すべてのカードを取り終えるまで続けます。

　例　「私は休みたい！」「私は話を聴いてほしい！」

　すべてのカードを取り終えて、完全にハートが見えるまで続けましょう。そのあとファシリテーターは「感情は、こころのなかの子ども」(P.36)を読みます。押しこめた感情がこころの盾となり、自分を守るけれど、次第にこころの壁となっていくこと、そこから暴力が起きることを伝えましょう。

トランプ4

Ally抜き（ババ抜き）

1 アライ（Ally）を1枚加えた53枚のトランプを使って、ババ抜きをしましょう。

2 2枚そろって場に捨てるとき、そのカードを声に出して読みあげます。感情の言葉が書かれていないエースを捨てるときは、「私は……したい」と、その日の欲求を言葉にします。1枚のアライ（Ally）が残るまで続けます。

最後にアライ（Ally）だけが残ってゲームが終わったところで、ファシリテーターが「これは非暴力ゲームです。アライを持っている人、負けるが勝ち！」と告げて、アライについて説明をします。（P.53参照）

アライ（Ally）とはなにか？ それぞれの体験を分かちあいましょう。パワーレスグループのなかで起きる3つの暴力（P.51）を理解し、暴力のサイクルをこえるアライの意味を理解しましょう。

トランプ5

感情あわせシェア

1 アライ（Ally）を抜いた52枚のカードを全員に配り、親を決めます。手札のなかに同じ感情のカード4枚があれば、「私は○○と感じた。シェア！」と言って場に出します。

2 最初に親が、手札に同じ感情のカードを集めるために、だれかの名を呼んで、「○さん、××の感情をください」と言います。その人が持っていればカードをもらえます。続けて別の人に「□さん、××の感情をください」（××以外の感情でもよい）とリクエストし、指名した人が持っていればこれを何回でも続けられます。持っていなければ、つぎのプレーヤーにかわります。

3 そうやってカードをやりとりして、4枚そろったら「私は○○と感じた。シェア！」と声に出して場に出します。そのとき、その感情についてのエピソードを語ってもいいです。

4 シェアした感情の数が多い人が勝ちです。

感情への機能的対処は「みとめる→うけいれる→わかちあう（シェア）」。
キレない、タメない、コモらない、と抑制するよりも、こころの扉を閉じたり開いたりしながら、少しずつシェアしていく心地よさを体感していきましょう。
だれもが感情を持っています。感情は正しいも間違いもない、ただ**存在する**もの。しがみつかずに手放す感覚を味わってみましょう。人からもらった感情も、抱えこまなければ、いつまでもとどまらない。変えられない過去を悔やんだり、わからない未来を思い悩むのではなく、いまに生きる「フロー」な感覚を覚えましょう。

トランプ6

感情ダウト！

1 アライ（Ally）とエース、そして任意の1枚を除いたトランプ（47枚）を配ります。手札のなかに同じ感情のカードが4枚あれば、「○○の感情シェア」と言って、場へ表にして出します。

2 最初の人が1〜3枚のカードを「○○の感情」と言って裏向きにして出します（2枚出すときは「○○の感情ダブル」、3枚出すときは「○○の感情トリプル」と声を出します）。このとき、本当に同じカードを複数出してもいいし、違うカードをまぜてウソをついてもいいです。

3 つぎの人は、ウソが混じっていると思ったら「ダウト！」と声をかけることができます。または、まえの人と同じ感情のカードを「○○の感情」と言って裏向きにして出してもOK（複数枚出してもよい。ただし、同じ感情は4枚しかありません）。つまり、つぎつぎと疑いをかけるか、同じ感情を口に出してゆくわけです。

4 「ダウト！」と声をかけたときは、そのカードをめくって確認します。ダウト的中だったら、まえの人が場のカードを全部引きとります。しかし、感情が合っていたなら「ダウト！」をかけた人が引きとります。手札で4枚そろっていたら、「○○の感情シェア」と言って場に捨てます。

5 ゲームは、「ダウト！」をかけたつぎの人から新たに「△△の感情」と言って再開します。これを続け、カードがなくなった人から上がります。

　　自分が声に出した感情をいつわったり、他人の否認を見破るときの「混乱」を味わってみましょう。こうしたときには深刻になるほど疑心暗鬼に巻きこまれやすいので、とりあえずいっしょに笑い飛ばしてみましょう。ウソのカードを出したり、ダウトをかけたりかけられたりして、心理戦を楽しんでみましょう。

3｜感情プレイングカードで遊ぶ

著者

八巻香織（やまき かおり）

特定非営利活動法人TEENSPOST代表理事。世代やさまざまな違いをこえて共に生きるための心の手あて、感情リテラシー、アサーティブネス、非暴力、家族ケア、支援者のセルフケアをテーマにした学びのコーディネーター。著書に、『スッキリ！ 気持ち伝えるレッスン帳』『新版 ひとりでできるこころの手あて』（ともに新水社）、『こじれない人間関係のレッスン』（太郎次郎社エディタス）などがある。

イラスト

イワシタ レイナ

TEENSPOSTの出版物、単行本、雑誌に数多くのイラストを提供。変幻自在に表情を変えるクロの作風は、気もちを表さないことで生き延びてきた子どもと大人たちに笑いと安らぎを伝えてきた。

TEENSPOST（ティーンズポスト）

新しい時代の心の健康とコミュニケーションを共につくる民間非営利事業。ティーンからシニアまで参加できる多様なプログラムを企画運営。
最新情報はホームページをご覧ください。
https://www.teenspost.jp（PC版／携帯版）
〒194-0013 東京都町田市原町田3-8-12 アミクラビル5F

参考図書

『Making the Peace』Paul Kivel著, Hunter House刊
『An Elephant in the Living Room』Jill M. Hastings著, Hazelden刊

気もちのリテラシー

「わたし」と世界をつなぐ12の感情

2019年5月20日　初版印刷
2019年6月30日　初版発行

著者
八巻香織

イラスト
イワシタ レイナ

デザイン
芝 晶子（文京図案室）

編集協力
永易至文

発行所
太郎次郎社エディタス
〒113-0033　東京都文京区本郷3-4-3-8F
tel 03-3815-0605　fax 03-0815-0698
http://www.tarojiro.co.jp

印刷・製本
シナノ書籍印刷

ISBN978-4-8118-0834-5 C0011
©Kaori Yamaki 2019, Printed in Japan

本のご案内

7days アサーティブネス
こじれない人間関係のレッスン

八巻香織 著 ● ティーンズポスト 編

コミュニケーションって、むずかしい…

そう思えるなら、あなたはもうすでにアサーティブへの道を歩いています。
「むずかしい」は「できない」ではありません。
この本は、そのむずかしいことをわかりやすく、楽しく努力していくために、
感じて、考えて、行動するテキストです。
**〈キレる〉〈タメる〉〈コモる〉癖を手放す
7日間のレッスン！**

A5判・160ページ●定価：本体1500円+税